처음 배우는
플라스크 웹 프로그래밍

처음 배우는 플라스크 웹 프로그래밍

대규모 애플리케이션 개발부터 테스트, 배포까지

초판 1쇄 발행 2021년 8월 30일

지은이 윤정현 / **펴낸이** 김태헌

펴낸곳 한빛미디어(주) / **주소** 서울시 서대문구 연희로2길 62 한빛미디어(주) IT출판부

전화 02-325-5544 / **팩스** 02-336-7124

등록 1999년 6월 24일 제25100-2017-000058호 / **ISBN** 979-11-6224-467-8   93000

총괄 전정아 / **책임편집** 홍성신 / **기획 · 편집** 김대현 / **교정** 박지영

디자인 표지 윤혜원 내지 박정화 / **전산편집** 다인

영업 김형진, 김진불, 조유미 / **마케팅** 박상용, 송경석, 한종진, 이행은, 고광일, 성화정 / **제작** 박성우, 김정우

이 책에 대한 의견이나 오탈자 및 잘못된 내용에 대한 수정 정보는 한빛미디어(주)의 홈페이지나 아래 이메일로
알려주십시오. 잘못된 책은 구입하신 서점에서 교환해드립니다. 책값은 뒤표지에 표시되어 있습니다.

한빛미디어 홈페이지 www.hanbit.co.kr / 이메일 ask@hanbit.co.kr

지금 하지 않으면 할 수 없는 일이 있습니다.

책으로 펴내고 싶은 아이디어나 원고를 메일(writer@hanbit.co.kr)로 보내주세요.

한빛미디어(주)는 여러분의 소중한 경험과 지식을 기다리고 있습니다.

대규모 애플리케이션 개발부터
테스트, 배포까지

윤정현 지음

처음 배우는
플라스크 웹 프로그래밍

Ⅲ3 한빛미디어
Hanbit Media, Inc.

지은이 소개

지은이 **윤정현** wyun13043@gmail.com

현재 파이썬 튜터 및 컨설팅 업무를 하고 있다. 선린인터넷고등학교를 졸업 후 서버 개발자로 활동 중이다. 250만 유저가 사용하는 서비스와 40대 글로벌 서버 개발 경험이 있고 아웃소싱 및 정부 R&D 과제에 참여했다.

지은이의 말

플라스크를 생각하면 보통 마이크로 웹 프레임워크를 떠올립니다. 하지만 플라스크와 플라스크 확장 모듈을 사용한다면 장고만큼의 프레임워크를 만들 수 있다는 사실을 알고 계셨나요? 이 책에서는 플라스크로 대규모 애플리케이션을 만드는 법에 대해서 배웁니다. 플라스크 기초부터 심화까지 다루며 기본 문법과 사용법에 대해 숙지할 수 있습니다. 또한 블루프린트를 활용한 대규모 설계법, 테스트 코드 작성법, 셀러리와 RxPY를 활용한 비동기 코드 작성법에 대해서 짚고 넘어갑니다. 이처럼 플라스크로 할 수 있는 많은 것에 대해서 배우게 됩니다.

또한 실무를 경험할 수 있습니다. 최신 IDE를 사용해보고 AWS를 도입해보면서 실제 개발자가 하는 업무를 경험할 수 있습니다. 플라스크로 다양한 프로젝트를 만들어 보면서 제가 고민했던 비즈니스 로직들에 대해서 같이 고민하고 배워볼 수 있습니다. 책을 읽고 나면 플라스크에 대해 한 층 더 깊은 사고를 하실 수 있게 되길 기대합니다. 무엇보다 이 책에 트렌드를 담기 위해 노력했습니다. 단편적인 예로 AWS 엘라스틱 빈스토크를 이용한 무중단 배포하기, GitHub Action을 이용한 배포 등 최신 기능을 담았습니다. 쉽고 빠르게 본인이 작성한 코드를 직접 배포할 수 있습니다.

이 책을 통해 플라스크를 활용한 여러 기술을 배워 본인이 이루고 싶은 개발 능력을 얻어 가셨으면 합니다. 틀에 박힌 코드가 아니라 본인의 스타일이 담긴 코드를 작성할 수 있게 되셨으면 합니다. 자신의 생각을 자유롭게 담을 수 있다는 것은 더 나은 개발자가 될 수 있는 계기라고 생각합니다. 훌륭한 개발자가 되는 그날까지 노력합시다.

윤정현

지루한 문법 설명이나 개념 설명보다 플라스크 기반의 실용적인 웹 애플리케이션 개발을 원한다면 이 책을 추천합니다. 개발환경 구축부터 배포까지 다양한 실습을 영화 예매, 블로그, 쇼핑몰 사이트 예제를 통해서 빠르게 익힐 수 있습니다. 플라스크를 더 쉽게 다룰 수 있는 저자의 노하우를 짧게나마 볼 수 있고, 실습도 흔히 볼 수 있는 사이트로 구성되어 있기 때문에 예제를 활용하여 내가 원하는 웹사이트를 만들어 볼 수 있습니다. 사전에 웹 애플리케이션 개발이나 기본적인 DB 지식, 파이썬 문법에 충분히 익숙하다면, 이 책으로 얻어 갈 수 있는 것이 많다고 생각합니다.

인천대학교_**김민성**

개발환경 구축부터 테스트, 배포까지 플라스크 기반 웹 애플리케이션 구축의 일련 과정을 한눈에 조망할 수 있다는 것이 이 책의 가장 큰 장점입니다. 조금만 응용하면 다양한 애플리케이션을 만드는 데 도움이 되는 영화 예매 사이트, 블로그, 쇼핑몰 등의 대표성 있는 실습 예제도 마음에 들었습니다. 셀러리 및 RxPY를 활용한 비동기 구현과 ORM 기반의 DB 연동을 자세히 다루고 있으며, 개인적으로 이 책 덕분에 GitHub Action이나 AWS 엘라스틱 빈스토크를 경험할 수 있던 것이 큰 소득이었습니다. 다만 입문자에게는 다소 어려울 수 있으므로 최소한 파이썬 문법이나 SQL에 익숙한 독자에게 추천합니다.

한국외국어대학교 정보지원처_**허민**

이 책에 대하여

플라스크^{Flask}는 파이썬^{Python} 마이크로 웹 프레임워크입니다. 이 책은 플라스크 사용법을 빠르게 익히고 플라스크와 플라스크 확장 모듈을 이용해 애플리케이션을 만드는 방법에 대해 알아봅니다. 먼저 플라스크 기초 내용을 다루고, 각 기능을 빠르게 탐색하여 애플리케이션 개발을 위해 실무에서 쓰이는 코드와 인프라를 준비하는 과정으로 구성되어 있습니다.

대상 독자

이 책을 읽기 위해서는 파이썬의 기본 문법을 이해하고 있어야 합니다. 파이썬의 기본을 배우고 난 뒤 웹 서비스를 만들어 보고싶거나 플라스크를 이용한 애플리케이션 설계에 대해 관심이 있는 현업 개발자와 학생을 대상으로 합니다.

이 책의 구성

1장_플라스크 시작하기

플라스크의 특징과 사례를 간단히 소개하고 파이썬 설치, 가상환경 생성과 및 의존성 관리를 위한 개발환경 구축, 실습 도구인 파이참 설치 과정을 설명합니다. 개발환경을 구축하고 플라스크 애플리케이션을 만드는 법과 라우팅을 통해 API를 만드는 법을 배웁니다. 또한 플러거블 뷰와 블루프린트 등 플라스크에 추가된 기능에 대해 설명합니다.

2장_플라스크로 애플리케이션 만들기

AWS RDS와 깃^{Git}을 설치하고 저자의 깃허브^{GitHub}에 공개된 플라스크 예제를 통해 사용법을 숙지합니다. 추가로 플라스크 예제를 통해 플라스크 확장 모듈에 대해 배우고 어떻게 사용되는지 확인하고 장고와 동일한 기능을 구현합니다. 마지막으로 유닛 테스트 모듈을 통해 테스트해보고 셀러리와 RxPY를 이용한 플라스크 비동기 구현에 대해 알아봅니다.

3장_플라스크로 영화 예매 사이트 만들기

플라스크를 이용해 실제 웹사이트를 만들어보는 첫 번째 실습으로 영화 예매 사이트 예제를 함께 익혀봅니다. 기본적인 플라스크 환경 세팅 후 영화 예매 데이터베이스 설계, 회원가입/로그인/로그아웃 페이지 만들기, 영화 목록 페이지 만들기, 영화관 목록 페이지 만들기, 영화 상영 시간표 페이지 만들기, 좌석 예매 페이지 만들기의 순서로 실습을 진행합니다.

4장_플라스크로 블로그 만들기

플라스크로 블로그를 만들어보면서 전체적인 구조를 이해해 봅니다. 기본적인 세팅 후 블로그 데이터 설계, 글쓰기 페이지 만들기, 글 목록 페이지 만들기, 글 검색 기능 만들기, 블로그 관련 글 기능 만들기, 댓글 기능 만들기, 조회 수 기능 만들기의 순서로 실습을 진행하고 테스트 코드를 작성해봅니다.

5장_플라스크로 쇼핑몰 만들기

실무에서 가장 많이 활용할 수 있는 쇼핑몰 사이트를 만들어 봅니다. 플라스크 환경 세팅 후 쇼핑몰 데이터베이스 설계, 쇼핑몰 카테고리 만들기, 제품 목록 만들기, 배송지 만들기, 장바구니 만들기, 구매하기 만들기의 순서로 실습을 진행합니다.

6장_플라스크 배포

플라스크 애플리케이션을 배포하는 법을 배웁니다. AWS 클라우드에서 애플리케이션을 신속하게 배포하고 관리할 수 있는 AWS 엘라스틱 빈스토크를 이용하는 법을 배우고, 파이썬 최신 버전도 설치할 수 있는 Dockerfile을 이용한 배포와 무중단 배포를 해봅니다. 또한 CI/CD 툴인 GitHub Action을 이용해 자동으로 배포하는 인프라 구축 방법에 대해 알아봅니다.

> **TIP** 보충 설명, 참고 사항, 관련 용어 등을 본문과 구분하여 정리해두었습니다.

개발환경

이 책은 다음과 같은 환경을 기반으로 설명하고 있습니다.

운영체제: 윈도우10(64비트), 맥 OS

파이썬: 3.9.2

IDE: 파이참

정오표와 피드백

편집 과정에서 오탈자를 확인하는 절차를 거쳤음에도 미처 발견하지 못한 오탈자나 내용에 대한 오류 문의는 출판사 도서 정보 페이지에 등록하거나 저자 메일로 보내주시길 부탁드립니다. 독자의 소중한 피드백은 모두 정리하여 다음 쇄에 반영하겠습니다. 책에서 사용하는 실습 예제는 아래 주소에서 받을 수 있으며, 책과 관련한 궁금한 점은 저자 홈페이지나 이메일로 문의 바랍니다.

- 실습 예제 https://github.com/gureuso/first_flask
- 저자 이메일 wyun13043@gmail.com
- 저자 블로그 https://tech.gureuso.me

CONTENTS

CHAPTER **1 플라스크 시작하기**

CONTENTS

CHAPTER 6 플라스크 배포

플라스크 시작하기

1.1 웹 소개

1.1.1 웹이란?

웹은 월드 와이드 웹World Wide Web의 줄임말로 www, web, w3 등으로 씁니다. 1989년 3월 컴퓨터과학자인 팀 버너스리Tim Berners-Lee가 만들었습니다. 저작권의 모든 부분을 공개하면서 웹이 폭발적으로 성장하고 전 세계적으로 쓰이게 되었는데요. 여기에 컴퓨터의 개인 보급도 한 몫을 했습니다.

웹이라고 하면 브라우저에서 보는 웹페이지를 가장 먼저 떠올리실 겁니다. 한 인터넷 통계 전문 분석업체[1]에 따르면 웹에 생성된 페이지 수는 2021년 7월 7일 기준 약 18억 건이 넘으며 지금도 폭발적으로 늘어나고 있습니다. '월드 와이드 웹'이라는 이름에 걸맞게 정말 전 세계가 사용하는 시스템이 되었습니다.

웹은 http 프로토콜을 통해 html, image, video, sound와 같은 데이터를 주고받습니다. 다음 [그림 1-1]을 보면서 데이터를 주고받는 과정을 설명하겠습니다.

---

[1] https://www.internetlivestats.com/total-number-of-websites/

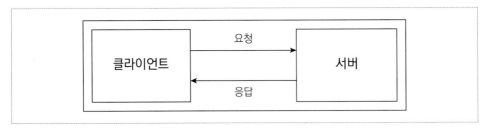

그림 1-1 클라이언트와 서버 간 데이터를 주고받는 방법

[그림 1-1]에서 클라이언트는 요청^{request}을, 서버는 응답^{response}을 담당합니다. 이때 클라이언트란 인터넷을 통해 서버에 요청할 수 있는 장치를 가리킵니다. 즉, 웹 브라우저를 뜻합니다. 한편 서버에 관해서는 다음 절에서 자세히 설명하겠습니다.

그러면 웹 브라우저 동작 원리를 통해 통신 과정을 배워보겠습니다.

- 네이버에 접속하고 싶다면 해당 URL 주소(www.naver.com)를 웹 브라우저에 입력합니다.
- 웹 브라우저는 DNS 서버로 가서 www.naver.com의 IP 주소를 알아냅니다.
- 웹 브라우저는 해당 IP 주소로 데이터를 요청합니다. 이때 데이터란 앞에서 설명했던 html, image 등의 리소스를 말합니다.
- 웹 서버는 요청을 보낸 클라이언트에게 http status code 200을 리턴하고 패킷에 데이터를 담아 보냅니다.
- 웹 서버는 TCP 통신에 따라 패킷을 모아 데이터로 만들고 렌더링해서 사용자에게 최종적으로 보여줍니다.

> **TIP**
>
> 웹 서버의 진짜 주소는 111.111.111.111와 같은 숫자와 콤마로 이루어진 IP 주소입니다. 예를 들어 www.naver.com와 같은 주소를 도메인이라 하는데, 사람들이 암기하기 쉬운 문자를 주소로 사용하여 접근성을 높였습니다. **DNS**^{Domain Name System} **서버**는 이러한 도메인 주소를 IP 주소로 리턴해주는 서버를 말합니다.
>
> **http status code**는 http 요청 결과를 나타냅니다. 5개 그룹으로 나뉘며 100(정보를 제공하는 응답), 200(성공적인 응답), 300(리다이렉트), 400(클라이언트 에러), 500(서버 에러)으로 이루어집니다.
>
> **TCP**는 서버와 클라이언트 통신에서 신뢰성을 보장하는 프로토콜입니다. 3 way handshaking을 통해 통신하므로 데이터 유실의 우려에서 벗어날 수 있습니다. 쉽게 말해 ack를 리턴해서 잘 받았다는 신호를 주고받고 다음 패킷의 정보를 리턴합니다. 이때 패킷이란 데이터를 일정 크기로 자른 것을 말합니다.

1.1.2 웹 서버와 웹 애플리케이션 서버

웹 서버가 모든 일을 다 처리하는 줄 알았다면 잘못된 지식입니다. 웹 서버는 웹 브라우저와 같은 클라이언트로부터 http 요청을 받아 html, css, js, image와 같은 정적 페이지를 반환합니다. 이러한 웹 서버의 종류로는 아파치^{Apache}, 엔진엑스^{NGINX} 등이 있습니다.

그렇다면 웹 애플리케이션 서버(WAS)는 어떤 역할을 할까요? 웹 서버가 정적인 파일들을 반환한다면 웹 애플리케이션 서버는 동적인 콘텐츠를 반환합니다. DB를 조회해서 데이터를 넘겨주거나 다양한 서버 로직들을 처리해 반환합니다. 이러한 웹 애플리케이션 서버의 종류로는 플라스크^{Flask}, 장고^{Django} 등이 있습니다.

그렇다면 웹 애플리케이션 서버만 필요한 게 아닐까라고 생각할 수도 있겠지만, 아닙니다. 다음과 같은 플라스크 경고 메시지를 보면 그 이유를 알 수 있습니다.

```
WARNING: This is a development server. Do not use it in a production deployment.
   Use a production WSGI server instead.
```

이 메시지를 번역하면 다음과 같습니다. '이것은 개발 서버입니다. 이것을 프로덕션 환경에 사용하지 마십시오. 대신 프로덕션에는 WSGI 서버를 사용하세요.'

웹 서버는 플라스크 또는 장고의 파이썬 코드들을 이해하지 못합니다. 따라서 웹 서버와 프레임워크는 통신을 할 수 없습니다. 그래서 만들어지게 된 것이 바로 WSGI$^{Web Server Gateway Interface}$입니다. WSGI는 파이썬 코드들을 웹 서버가 이해할 수 있게 도와줍니다.

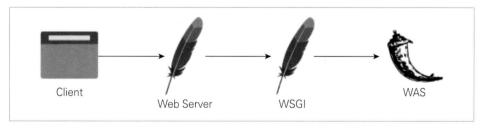

Client   Web Server   WSGI   WAS

그림 1-2 WSGI의 역할

웹 브라우저가 웹 서버에 요청을 보내면 웹 서버는 WSGI를 통해 웹 애플리케이션 서버를 사용할 수 있습니다. WSGI 종류로는 mod_wsgi, gunicorn 등이 있습니다.

1.2 플라스크 소개

플라스크는 파이썬으로 만든 웹 프레임워크입니다. 오픈소스 소프트웨어 개발자인 아민 로나허[Armin Ronacher]가 만들었으며 Pocoo 프로젝트[2]에 속합니다. 플라스크는 Werkzeug WSGI 툴킷 및 Jinja2 템플릿 엔진에 기반을 둡니다(둘 다 Pocco 프로젝트입니다).

1.2.1 플라스크 특징

플라스크는 마이크로 웹 프레임워크로서 특정 도구나 라이브러리가 필요하지 않습니다. 데이터베이스, 폼 검사 또는 타 프레임워크에서 제공하는 기능들이 빠져 있습니다. 대신 플라스크는 플라스크 자체에서 구현된 것처럼 애플리케이션 기능을 추가할 수 있는 확장을 지원합니다. 이 책에서는 플라스크 확장 모듈을 이용해서 대규모 애플리케이션을 만드는 법을 배웁니다.

플라스크는 자유도가 높습니다. 타 프레임워크는 파일 이름과 위치가 고정된 반면 플라스크는 어떠한 규격도 제공하지 않습니다. 유저 스스로 프레임워크 구조를 설계해야 하고 파일 이름과 위치도 직접 만들어야 합니다. 이후 2장에서 플라스크의 이상적인 구조를 살펴보겠습니다.

1.2.2 플라스크 도입 사례

해외에서는 넷플릭스[Netflix], 레딧[reddit] 등에서 플라스크를 사용하며 국내에서는 스포카[spoqa], 윌라[Welaaa] 등에서 사용 중입니다.[3] 이러한 활용 사례가 플라스크를 익혀야 하는 이유 중 하나라고 생각합니다. 큰 기업에서 쓸수록 해당 프레임워크의 영향력이 더 커지기 때문입니다.

---

2 Pocco란 플라스크와 같은 인기 있는 파이썬 프로젝트를 작업하는 오픈 소스 개발자로 구성된 팀을 말합니다.
3 https://stackshare.io/flask

1.3 플라스크 설치

1.3.1 파이썬 설치하기

파이썬을 설치하려면 먼저 다음 링크(https://www.python.org/downloads/)로 이동한 뒤 다음 화면(그림 1-3)과 같이 [다운로드] 버튼을 클릭합니다. 본인의 운영체제에 맞는 파일을 내려받아 설치합니다. 이 책에서는 파이썬 3.9.2 버전을 사용합니다. 본인이 사용하는 버전이 다를 경우 이 책의 실행 결과와 같은 결과가 나오지 않을 수 있으므로 되도록 3.9.x 버전을 사용해주세요.

그림 1-3 파이썬 다운로드설치

터미널에서 파이썬을 정상적으로 실행하려면 가장 아래쪽에 보이는 [Add Python 3.9 to PATH] 체크박스에 체크합니다. 파이썬 패키지들을 내려받으려면 pip가 필요하므로 pip를 같이 설치해주는 [Install Now] 버튼을 클릭합니다.

그림 1-4 파이썬 설정 및 설치

윈도우 작업표시줄에 있는 검색 창에서 'python'이라고 입력하여 검색한 뒤 파이썬 앱을 실행
합니다.

그림 1-5 파이썬 실행

다음과 같은 화면이 나오면 제대로 설치된 것입니다.

그림 1-6 파이썬 설치 완료

1.3.2 virtualenv로 가상환경 만들기

virtualenv란 격리된 파이썬 환경을 만들어주는 툴로, 프로젝트마다 다양한 파이썬 버전을 사용할 수 있게 해줍니다. 파이썬 실행파일과 라이브러리가 별도로 설치되며 서로의 시스템에 영향을 주지 않습니다.

그럼 예시를 통해 virtualenv가 왜 필요한지 배워봅니다. 예를 들어 A라는 프로젝트에서는 파이썬 3.6 버전을, B라는 프로젝트에서는 파이썬 3.9 버전을 사용합니다. 따라서 이 두 버전을 모두 설치해야 하는 상황입니다. 이럴 때 virtualenv로 격리된 파이썬 환경을 제공하여 각각 다른 버전을 사용할 수 있습니다.

virtualenv를 설치할 때는 터미널 창을 열고 다음과 같은 명령어를 입력합니다.

```
pip install virtualenv
```

pip를 통해 virtualenv 패키지를 다운 및 전역 설치했습니다. 이제 어디서든지 virtualenv를 사용할 수 있습니다. 다음과 같은 출력 결과가 나오면 성공적으로 설치된 것입니다.

그림 1-7 virtualenv 설치 완료

virtualenv 설치가 끝나면 원하는 위치에 폴더를 생성해줍니다. 필자는 C:\Users\wyun1에 flask 폴더를 생성했습니다.

```
cd C:\Users\wyun1\flask
virtualenv venv
```

윈도우에서는 call 명령어로 virtualenv를 활성화합니다.

```
call venv\Scripts\activate
```

리눅스와 맥에서는 다음과 같이 virtualenv를 활성화합니다.

```
. venv/Scripts/activate
```

프로젝트를 만든 root 경로에 다음과 같은 명령어를 입력해줍니다. 경로에 다음과 같이 (venv) 표시가 보이면 성공입니다.

```
(venv) C:\Users\wyun1\flask>
```

이제 여러분도 가상환경을 사용할 수 있습니다. 그럼 지금부터 pip 명령어로 패키지를 설치해 봅시다.

1.3.3 requirements.txt로 패키지 의존성 관리하기

프로젝트가 복잡할수록 사용하는 모듈 개수도 증가합니다. 이 모든 패키지의 의존성을 관리해야 하는 상황이 온다면 어떻게 해야 할까요? 그때는 패키지 목록이 나열된 파일인 requirements.txt를 사용하면 됩니다. 다음은 requirements.txt에 기재되는 내용 예시입니다.

```
flask==1.1.2
Flask-Script==2.0.6
Flask-Migrate==2.7.0
Flask-SQLAlchemy==2.5.1
Flask-WTF==0.14.3
Flask-Login==0.5.0
mysqlclient==2.0.3
redis==2.10.6
unittest2==1.1.0
requests==2.25.1
flasgger==0.9.5
```

requirements.txt는 의존성 관리에 도움을 줍니다. requirements.txt에 다음과 같이 입력 후 저장합니다. 필자는 C:\Users\wyun1\flask\requirements.txt에 저장했습니다.

그림 1-8 requirements.txt

실습 위치는 독자가 설정한 폴더에서 진행합니다. 예를 들어 필자는 flask 폴더를 만들었으므로 해당 경로로 이동해서 실습을 진행합니다.

```
cd C:\Users\wyun1\flask
C:\Users\wyun1\flask>virtualenv venv
C:\Users\wyun1\flask>call venv\Scripts\activate
(venv)C:\Users\wyun1\flask>
```

다음과 같이 requirements.txt에 설치 명령어를 입력하고 실행합니다. 이때 경로가 본인이 만든 경로인지 반드시 확인한 뒤에 실습을 진행해주세요.

```
pip install -r requirements.txt
```

만약 플라스크 모듈을 계속 최신 버전으로 사용하고 싶다면 다음과 같이 입력합니다. 더 많은 옵션은 pip 문서[4]를 참고해주세요.

```
flask>=1.1.2
```

1.3.4 파이썬 개발환경 구축하기

개발환경을 구축하려면 IDE 혹은 코드 에디터를 설치해야 합니다. 비주얼 스튜디오 코드나 서브 라임과 같은 에디터도 있지만, 필자는 젯브레인에서 만든 파이참^Pycharm IDE를 추천합니다. 다양한 언어 하이라이팅과 자동완성 지원, 터미널을 통한 명령어 사용, 데이터베이스 연결, 파이썬 프레임워크와 파이썬 언어 완벽 호환 등 선택할 이유가 많습니다.

다만 파이참 무료 버전은 css, 자바스크립트를 지원하지 않아 실습에 차질이 생길 수 있습니다. 그렇다고 방법이 없는 것은 아닙니다. 파이참 유료 버전은 30일 동안 무료로 사용할 수 있는 옵션을 제공합니다. 파이참 다운로드 링크[5]를 클릭한 뒤 유료 버전 설치 파일을 내려받아 설치를 진행합니다.

---

4 https://pip.pypa.io/en/stable/user_guide/#fixing-conflicting-dependencies
5 https://www.jetbrains.com/ko-kr/pycharm/download

[그림 1-9]와 같은 화면이 나오면 [Next] 버튼을 클릭합니다.

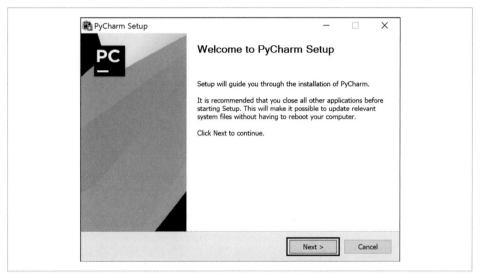

그림 1-9 파이참 설치 시작

---

6 https://www.jetbrains.com/ko-kr/community/education/#students

이용약관에 동의한다는 문구의 체크박스에 체크한 뒤 [Continue] 버튼을 클릭합니다.

그림 1-10 사용자 동의 확인

[Don't Send] 버튼을 클릭합니다.

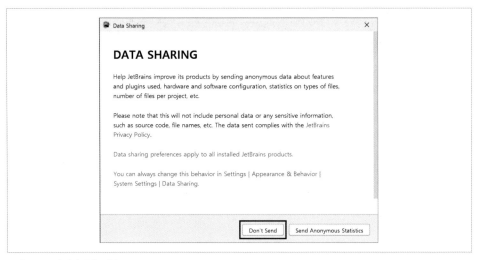

그림 1-11 데이터 공유 거부

[Evaluate for free]에 체크한 뒤 [Evaluate] 버튼을 클릭합니다.

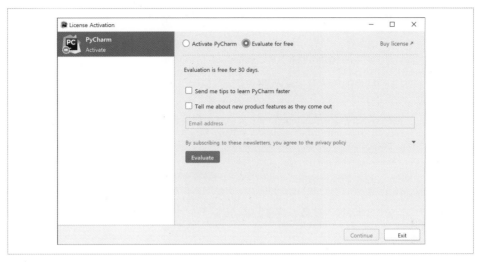

그림 1-12 평가판 선택

이것으로 설치가 끝났습니다. 이제 파이참에 가상환경 설정을 해줘야 합니다.

그림 1-13 파이참 실행 화면

다음과 같이 File 〉 Settings을 클릭합니다.

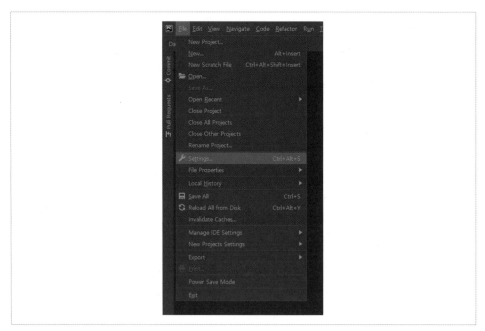

그림 1-14 파이참 세팅 클릭

Project:python 〉 Project Interpreter를 클릭합니다.

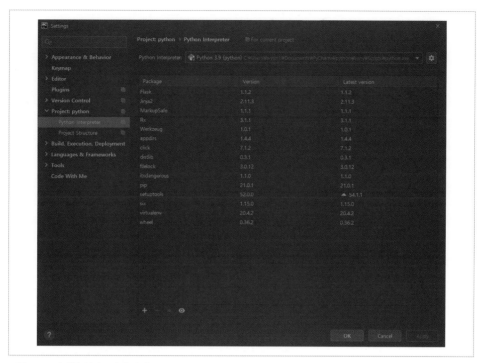

그림 1-15 파이썬 인터프리터 설정

이미 인식하는 경우도 있지만 아니라면 [⚙ 〉 Add] 버튼을 클릭합니다.

그림 1-16 파이썬 인터프리터 추가

가상환경은 이미 만들어져 있습니다. 다음과 같이 [Existing environment]에 체크하고 […]
버튼을 클릭합니다.

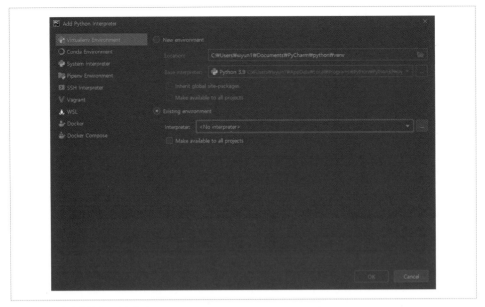

그림 1-17 파이썬 인터프리터 추가 2

venv 폴더가 있는 곳으로 이동해서 venv/Scripts/python.exe 파일을 선택합니다. 그러면 파이참 설정은 모두 끝났습니다.

그림 1-18 파이썬 인터프리터 추가 3

파이참을 이용할 수 없다면 비주얼 스튜디오 코드visual studio code가 그 대안이 될 수 있습니다. 홈페이지[7]에서 로컬 환경에 맞게 내려받아 설치합니다. 다만 파이참은 IDE, 비주얼 스튜디오 코드는 코드 에디터로 기능 차이가 있을 수 있습니다.

1.4 플라스크 기초

지금까지의 과정을 잘 진행했다면 현재 여러분의 경로에는 venv 폴더와 requirements.txt 파일이 있을 겁니다. 또한 플라스크 최신 버전이 설치되어 있을 겁니다. 이번 절에서는 플라스크 앱을 만드는 법과 라우팅을 통해 API를 만드는 법을 배웁니다.

1.4.1 라우팅

다음은 'Hello, World!' 문구를 출력하는 기본적인 플라스크 코드입니다.

```
hello.py
from flask import Flask  ①

app = Flask(__name__)    ②


@app.route('/index')     ③
@app.route('/')          ④
def hello_world():
    return 'Hello, World!'
```

이 코드를 순서대로 살펴보면 다음과 같습니다.

① Flask 객체를 임포트합니다. 이 클래스의 인스턴스는 WSGI 애플리케이션을 만들어줍니다.

② Flask 객체의 인자로 __name__이 들어갑니다. 해당 인자는 정적 파일과 템플릿을 찾는 데 쓰입니다.

③ route 데코레이션을 사용해 URL을 생성합니다.

④ route는 중첩할 수 있습니다.

7 https://code.visualstudio.com/download

플라스크를 구동하려면 FLASK_APP 환경변수를 등록해야 합니다. 윈도우에서는 다음과 같이 환경변수를 지정합니다. 이때 FLASK_ENV 값으로 product 모드를 사용하면 코드가 바뀌어도 재시작하지 않는 이상 바뀌지 않습니다. 따라서 원활한 실습을 위해 development 모드로 사용하겠습니다. development 모드는 코드 변경 시 자동으로 재시작합니다.

```
set FLASK_APP=hello.py
set FLASK_ENV=development
```

리눅스와 맥은 다음과 같은 export 명령어로 환경변수를 지정합니다.

```
export FLASK_APP=hello.py
export FLASK_ENV=development
```

flask run 명령어로 웹 서버를 열어줍니다.

```
flask run
```

명령어를 실행하면 다음과 같습니다.

```
(venv) C:\Users\wyun1\flask>set FLASK_APP=hello.py
(venv) C:\Users\wyun1\flask>set FLASK_ENV=development

(venv) C:\Users\wyun1\flask>flask run
 * Serving Flask app "hello.py" (lazy loading)
 * Environment: development
 * Debug mode: on
 * Restarting with stat
 * Debugger is active!
 * Debugger PIN: 235-053-668
 * Running on http://127.0.0.1:5000/ (Press CTRL+C to quit)
```

다음과 같이 http://127.0.0.1:5000으로 서버가 열렸습니다.

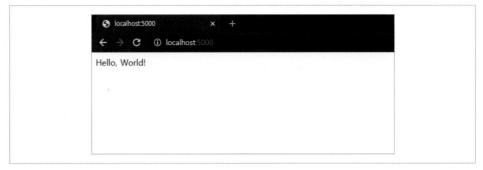

그림 1-19 Hello, World! 출력

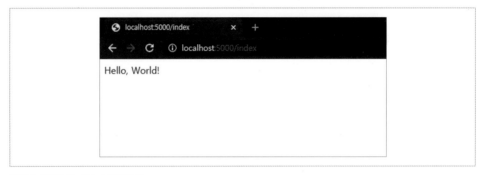

그림 1-20 Hello, World! 출력 2

이로써 /와 /index로 접속할 수 있게 되었습니다. 만약 여러분이 공인 IP로 접근하고 싶다면 다음과 같은 명령어로 외부 접속을 허락할 수 있고 포트도 변경할 수 있습니다.

```
flask run --host=0.0.0.0 --port=5000
```

또한 디버그 모드를 지원하고 있어 디버깅에 도움이 됩니다. 디버그 모드는 다음과 같이 활성화할 수 있습니다.

```
hello.py
from flask import Flask

app = Flask(__name__)


@app.route('/index')
```

```
@app.route('/')
def hello_world():
    return a
```

마지막 줄 코드를 다음과 같이 수정합니다.

```
set FLASK_ENV=development
flask run
```

이 명령어를 실제로 실행하면 다음과 같은 화면이 나타납니다.

```
(venv) C:\Users\wyun1\flask>set FLASK_ENV=development

(venv) C:\Users\wyun1\flask>flask run
 * Serving Flask app "hello.py" (lazy loading)
 * Environment: development
 * Debug mode: on
 * Restarting with stat
 * Debugger is active!
 * Debugger PIN: 203-642-282
 * Running on http://127.0.0.1:5000/ (Press CTRL+C to quit)
```

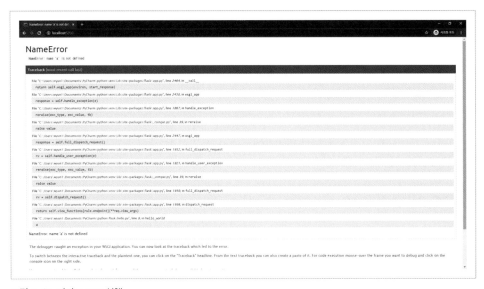

그림 1-21 디버그 모드 실행

일반 모드를 사용하려면 production으로 환경 설정을 해줍니다.

```
set FLASK_ENV=production
flask run
```

잠깐 다른 예시를 살펴보겠습니다. 유튜브 채널들을 둘러보면 링크 주소에서 특이한 점을 발견할 수 있습니다. 바로 /channel 뒤에 다음과 같이 서로 다른 문자열을 가진다는 점입니다. 이렇게 서로 다른 문자열을 path parameter라고 합니다.

- https://www.youtube.com/channel/UClzB2iZ5jPoTNz0S-QU6Wiw
- https://www.youtube.com/channel/UCIYNYv9ddZBg42gvyp8L2Iw

그림 1-22 path parameter 예시

path parameter는 종류가 다양한데 플라스크에는 보통 string, int, float, path, uuid 등이 있습니다.

```
hello.py
from flask import Flask

app = Flask(__name__)

@app.route('/users/<username>')
def get_user(username):
    return username

@app.route('/posts/<int:post_id>')
def get_post(post_id):
```

```
        return str(post_id)

@app.route('/uuid/<uuid:uuid>')
def get_uuid(uuid):
    return str(uuid)
```

이때 path parameter 값에 따라 다음과 같이 결괏값이 달라집니다.

그림 1-23 path parameter 출력

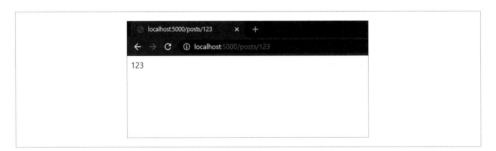

그림 1-24 path parameter 출력 2

그림 1-25 path parameter 출력 3

1.4.2 메서드

이번에는 플라스크의 메서드를 설명합니다. 다음은 메서드에 따른 로그인 또는 로그인 입력 폼
을 보여주는 예제 코드입니다. methods 인자로 허용할 메서드를 정할 수 있습니다. 이때 서로
다른 메서드들을 정할 수 있으며 request.method로 구분합니다.

```python
hello.py
from flask import Flask, request

app = Flask(__name__)


@app.route('/login', methods=['GET', 'POST'])
def login():
    if request.method == 'POST':
        return do_the_login()
    else:
        return show_the_login_form()
```

POST 메서드로 해당 URL에 접속하면 do_the_login() 함수가 실행되고 GET 메서드로 접속하
면 show_the_login_form() 함수가 실행됩니다. 즉 POST는 로그인 로직이 들어가고 GET은 로
그인을 할 수 있게 도와주는 입력 폼 페이지 로직이 들어갑니다.

다음으로는 라우팅을 메서드 개수만큼 만드는 방법이 있습니다. 이처럼 같은 URL이지만 메서
드가 다르므로 사용할 수 있습니다. 앞의 코드는 메서드에 따라 분기를 타지만 공통 로직을 타
야 할 때 많이 사용하는 방법입니다. 아래 방법은 공통 로직을 타지 않아도 될 때 사용합니다.

```python
hello.py
from flask import Flask, request

app = Flask(__name__)

@app.route('/login', methods=['GET'])
def login_page():
    return show_the_login_form()

@app.route('/login', methods=['POST'])
def login():
    return do_the_login()
```

1.4.3 정적 파일과 템플릿

플라스크로 웹사이트를 만들려면 정적 파일(css, js, image...)과 템플릿(html) 등이 필요합니다. Flask 객체는 폴더 지정을 통해 정적 파일과 템플릿 위치를 추적합니다.

```
flask/
├──── hello.py
├──── templates/
│        └──── hello.html
└──── static/
         └──── image/
                  └──── hello_world.png
```

이와 같이 template 폴더와 static 폴더를 각각 만들어줍니다. template 폴더에는 hello.html을 만들고 static 폴더에는 image/hello_world.png를 만들어줍니다. hello_world.png 파일은 원하는 이미지로 저장하면 됩니다.

Flask 객체에 static_folder와 template_folder를 지정해줍니다. static_folder를 지정해주면 /static URL로 접근할 수 있습니다. template_folder를 지정해주면 render_template에서 해당 템플릿 파일을 찾을 수 있습니다.

```python
hello.py
from flask import Flask, render_template

app = Flask(__name__, static_folder='static', template_folder='templates')


@app.route('/hello')
def hello():
    return render_template('hello.html')
```

hello.html에 이미지 태그를 사용해서 static 파일을 가져옵니다.

```html
hello.html
<!DOCTYPE html>
<html>
<head>
  <title>hello</title>
</head>
```

```
<body>
  <img src="/static/image/hello_world.png">
</body>
</html>
```

다음과 같이 'Hello, World!' 이미지가 출력된 것을 볼 수 있습니다.

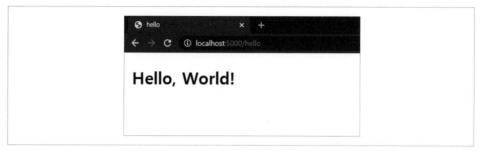

그림 1-26 static 이미지 출력

1.4.4 템플릿 엔진

플라스크는 템플릿 엔진으로 Jinja2를 사용합니다. 이미 내장되어 있으므로 설치할 필요가 없습니다. 이번 절에서는 Jinja2를 활용해 어떻게 페이지를 구성하는지 배웁니다.

이번에는 `template` 폴더에 `hello2.html` 파일과 `layout/base.html` 파일이 추가되었습니다.

`/hello` URL에 path parameter를 받아서 이름이 있는 해당 변수를 출력하는 예제를 배워봅니다.

```
hello.py
from flask import Flask, render_template

app = Flask(__name__, static_folder='static', template_folder='templates')

@app.route('/hello/')
@app.route('/hello/<name>')
def hello(name=None):
    return render_template('hello.html', name=name)
```

Jinja2에는 재사용성을 위한 템플릿 상속 기능이 있습니다. 이 기능 덕분에 같은 코드를 매번 다시 작성할 필요 없이 한 곳에서 수정할 수 있습니다. 이때 {% block %}으로 상속받은 파일에서 코드를 추가할 수 있게 제공합니다.

```
layout/base.html
<!DOCTYPE html>
<html>
<head>
  {% block head %}
  {% endblock %}
</head>
<body>
  {% block body %}
  {% endblock %}
</body>
</html>
```

```
hello.html
{% extends 'layout/base.html' %}

{% block head %}
  <title>hello</title>
{% endblock %}

{% block body %}
  {% if name %}
    <h1>Hello, {{ name }}!</h1>
  {% else %}
    <h1>Hello, World!</h1>
  {% endif %}
```

```
    {% include 'hello2.html' %}
{% endblock %}
```

전체적인 틀은 {% extends %} 키워드를 활용하되, 반복적이거나 따로 분리하고 싶은 html 코드는 {% include %} 키워드를 사용합니다.

이때 path parameter 값에 따라 다음과 같이 결괏값이 다르게 나오는 것을 볼 수 있습니다.

```
hello2.html
{% if name %}
  <h1>Hello2, {{ name }}!</h1>
{% else %}
  <h1>Hello2, World!</h1>
{% endif %}
```

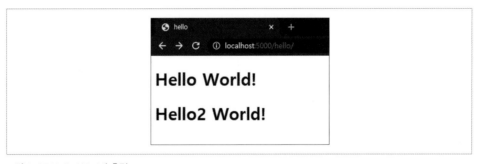

그림 1-27 Hello World! 출력

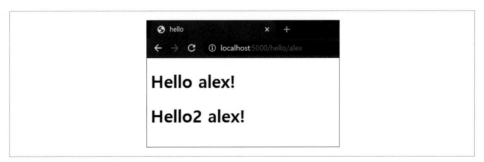

그림 1-28 Hello alex! 출력

더 많은 키워드들은 관련 링크[8]를 참고해주세요.

1.4.5 리다이렉션과 에러

다른 엔드 포인트로 이동하려면 redirect( ) 함수를 사용합니다. 또한 에러를 발생하고 싶다
면 abort( ) 함수를 사용합니다. 다음 예제에서는 로그인하지 않은 유저가 /users를 호출하려
고 했을 때 에러 핸들링을 어떻게 처리하는지를 보여줍니다.

```python
hello.py
from flask import Flask, redirect, url_for, abort

app = Flask(__name__)


@app.errorhandler(403)
def permission_denied(error):
    return '403', 403


@app.route('/')
def index():
    return redirect(url_for('user_list'))


@app.route('/users')
def user_list():
    abort(403)
```

이 코드를 순서대로 살펴보면 다음과 같습니다.

① url_for는 함수 이름을 넣으면 해당 라우팅 URL을 반환합니다. user_list를 요청했고 /users를 반환합니다.

② redirect는 반환 받은 주소로 다시 http 요청을 합니다.

③ user_list API가 redirect 요청을 받았고 다시 abort( ) 함수로 403 에러를 발생했습니다.

④ @app.errorhandler를 사용하면 403 error exception를 받아 처리할 수 있습니다.

⑤ 403 상태 코드를 리턴합니다. 이 부분은 403 문자열을 리턴했지만 json으로 리턴하는 등 커스텀이 가능합
니다.

....
8 https://jinja.palletsprojects.com/en/2.11.x/templates/

그림 1-29 403(Permission Denied) 화면 출력

그림 1-30 403 status code 확인

1.5 플라스크 응용

1.5.1 플러거블 뷰

플라스크는 기본적으로 데코레이터와 함수 기반으로 API를 작성합니다. 이를 함수 기반 뷰 function-based view라고 합니다. 플러거블 뷰pluggable view는 장고의 클래스 기반 뷰class-based view에서 영향을 받아 만들어졌으며 플라스크 0.7 버전에 추가되었습니다. 그럼 지금부터 실습을 통해 플러거블 뷰에 관해 알아봅시다.

다음은 함수 기반 뷰 방식으로 코딩한 코드입니다. 데이터베이스에서 유저 목록을 가져와서 템 플릿에 뿌리는 형태입니다. 이 코드를 클래스 기반 뷰 방식인 플러거블 뷰를 통해 만들어봅시다.

```
hello.py
from flask import Flask, render_template

app = Flask(__name__)

@app.route('/users')
def user_list():
    users = []
    return render_template('users.html', users=users)
```

먼저 View 클래스를 상속받습니다. View 클래스에서는 dispatch_request를 통해 API를 구현할 수 있습니다. app.add_url_rule을 통해 URL을 등록하고 as_view() 함수에 엔드포인트 이름을 전달해서 구현합니다. as_view()로 들어가는 인자를 통해 인스턴스화됩니다.

```
hello.py
from flask import Flask, render_template
from flask.views import View

app = Flask(__name__)

class UserList(View):
    def dispatch_request(self):
        users = []
        return render_template('users.html', users=users)

app.add_url_rule('/users', view_func=UserList.as_view('user_list'))
```

methods 변수로 허용할 메서드를 지정할 수 있습니다. GET, POST, PUT, DELETE 메서드 등이 들어갑니다.

```
hello.py
class UserList(View):
    methods = ['GET', 'POST']

    def dispatch_request(self):
        users = []
        return render_template('users.html', users=users)
```

또한 decorators 변수로 데코레이터를 지정할 수 있습니다. 보통 로그인 여부 데코레이터가 들어갑니다.

```
hello.py
class UserList(MethodView):
    decorators = [user_required]
```

View 클래스뿐만 아니라 MethodView 클래스를 제공하는 데 restful API에 특화되어 있습니다. 다음 예제를 통해 restful API를 구현해봅시다.

메서드	URL	설명
GET	/users	전체 유저 얻기
POST	/users	유저 생성
GET	/users/<user_id>	특정 유저 얻기
PUT	/users/<user_id>	특정 유저 수정
DELETE	/users/<user_id>	특정 유저 삭제

```python
hello.py
from flask import Flask
from flask.views import MethodView

app = Flask(__name__)

class UserView(MethodView):
    def get(self, user_id):
        if user_id is None:
            # return a list of users
            return 'all'
        else:
            # expose a single user
            return 'one'

    def post(self):
        return 'post'

    def put(self, user_id):
        return 'put'

    def delete(self, user_id):
```

```
            return 'delete'

    user_view = UserView.as_view('users')
    app.add_url_rule('/users', defaults={'user_id': None}, view_func=user_view,
    methods=['GET'])
    app.add_url_rule('/users', view_func=user_view, methods=['POST'])
    app.add_url_rule('/users/<int:user_id>', view_func=user_view, methods=['GET',
    'PUT', 'DELETE'])
```

MethodView 클래스는 get(), post(), put(), delete() 함수를 제공합니다. 먼저 전체 유저 얻기와 특정 유저 얻기 기능을 분석해봅시다. /users와 /users/<int:user_id>로 나누어 같은 함수를 바라보지만 분기를 통해 서로 다르게 작동하도록 만들었습니다. 유저 생성은 /users로 동일하지만 POST 메서드를 지정해 작동하도록 만들었습니다.

일단 플라스크에서도 클래스 기반 뷰를 사용할 수 있다는 정도로만 이해하면 되겠습니다. 필자는 개인적으로 장고의 정형화된 스타일을 선호하지 않아 플라스크를 고도화해서 사용합니다. 플라스크에서 굳이 클래스 기반 뷰를 써야 되나 싶기도 합니다. 플라스크의 장점은 명확한 함수 기반 뷰가 존재한다는 것입니다. 프레임워크의 콘셉트를 이해하고 사용해야 할 것입니다. 물론 각자의 상황과 취향에 맞게 코딩하면 됩니다.

1.5.2 블루프린트

블루프린트[Blueprint]는 대규모 애플리케이션 구현에 필요한 중요한 클래스입니다. 블루프린트란 쉽게 말해 공통 URL에 대해서 조직적으로 묶어 관리해주는 클래스입니다. 별도의 정적파일과 템플릿을 정의할 수 있으며 공통 URL에 대해서 url_prefix 인자로 관리합니다.

예를 들어 API를 작성한다고 가정해봅시다. 기존 방식으로 코딩한다면 한 파일에 모든 라우터가 등록되어야 하는 상황입니다. 매번 API 버전이 늘어날 때마다 추가하는 방식은 매우 비효율적입니다. 이때 블루프린트를 사용해서 분리할 수 있습니다.

```
flask/
├── hello.py
├── v1.py
└── v2.py
```

```
hellop.py
from flask import Flask

app = Flask(__name__)


@app.route('/v1/users')
def v1_users():
    return 'v1'


@app.route('/v2/users')
def v2_users():
    return 'v2'
```

```
v1.py
from flask import Blueprint

app = Blueprint('v1', __name__, url_prefix='/v1')


@app.route('/users')
def users():
    return 'v1'
```

```
v2.py
from flask import Blueprint

app = Blueprint('v2', __name__, url_prefix='/v2')


@app.route('/users')
def users():
    return 'v2'
```

```
hello.py
from flask import Flask
```

```
from v1 import app as v1_app
from v2 import app as v2_app

app = Flask(__name__)
app.register_blueprint(v1_app)
app.register_blueprint(v2_app)
```

블루프린트 클래스는 여러 인자를 받는데 첫 번째 인자는 url_for에서 해당 앱을 찾기 위한 키워드로 사용됩니다.

```
app = Blueprint('v1', __name__, url_prefix='/v1')
```

만약 /v1/users URL을 얻고 싶다면 다음과 같이 접근할 수 있습니다.

```
url_for('v1.users')
```

두 번째 인자는 정적파일과 템플릿 위치를 추적하기 위해서 사용됩니다.

세 번째 인자는 해당 앱의 공통 URL을 인자로 받습니다. /v1/users, /v1/users/<int:user_id> 등 /v1이 공통적으로 들어가 있습니다. 이때 url_prefix로 /v1을 등록하게 된다면 해당 앱은 모두 공통적으로 /v1 URL이 들어갑니다.

@app.route에는 /users로 시작하지만 블루프린트 때문에 공통적으로 /v1 URL이 포함됩니다.

```
v1.py
from flask import Blueprint

app = Blueprint('v1', __name__, url_prefix='/v1')

@app.route('/users')
def users():
    return 'v1'

@app.route('/users/<int:user_id>')
def get_user(user_id):
    return str(user_id)
```

플라스크로 애플리케이션 만들기

2.1 플라스크 준비

2.1.1 깃 설치

깃허브에 미리 업로드된 실습용 플라스크 코드를 다운받으려면 로컬 환경에 깃^{Git}이라는 프로그램이 필요합니다. 깃을 내려받을 수 있는 링크[1]로 접속해서 내려받습니다.

> **TIP**
>
> 깃은 컴퓨터 파일의 변경사항을 추적하고 여러 명의 사용자 간에 해당 파일들의 작업을 조율하는 분산 버전 관리 시스템입니다. 소프트웨어 개발에서 소스 코드 관리에 주로 쓰이지만 어떠한 집합의 파일의 변경사항을 지속적으로 추적하기 위해 사용될 수 있습니다.
>
> – 위키백과 –

다른 옵션들은 전부 [다음]을 눌러도 상관없지만 '새로운 리포지터리의 디폴트 브런치 이름을 바꾼다'는 옵션에 체크하고 텍스트 입력란에 'main'을 입력합니다. master를 기본 브런치 이름으로 사용하고 있지만 인종차별적 요소를 담고 있다고 논란이 되어 깃허브에서 main으로 이름을 변경했습니다.

------

1 https://git-scm.com/

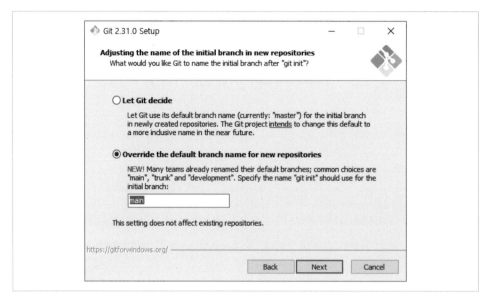

그림 2-1 깃 설치 화면

2.1.2 AWS RDS 구축

플라스크 애플리케이션을 만들기 전에 데이터베이스를 설치하는 과정이 필요합니다. 이미 개인 MySQL DB가 있다면 이 과정은 넘어가도 좋습니다.

데이터베이스는 데이터의 집합체로 정보를 저장하려는 목적으로 이용하는 서버입니다. 이 책의 실습에서는 데이터베이스로 AWS RDS를 사용합니다. 처음 사용하는 사용자를 위해 프리 티어를 지원해서 db.t2.micro 인스턴스를 750시간 무료로 사용할 수 있습니다.[2]

계정을 만드는 과정에서 과금이 될 수 있습니다. 정상 카드인지 확인하는 과정으로 곧 다시 환불 처리됩니다.

---

2 https://aws.amazon.com/ko/rds/free/

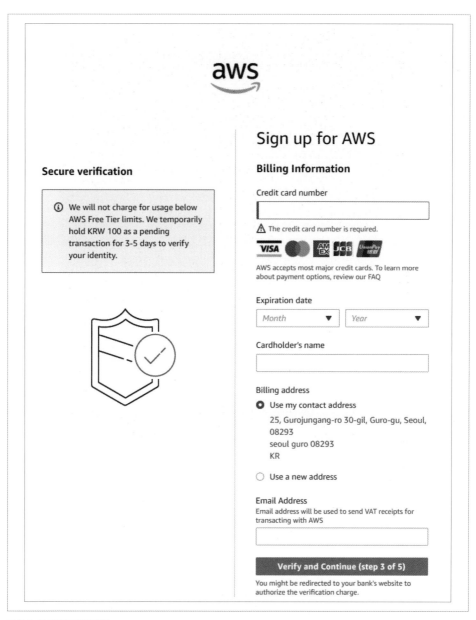

그림 2-2 AWS 가입 화면

가입을 완료했다면 **서비스 〉 데이터베이스 〉 RDS**로 접속해주세요.

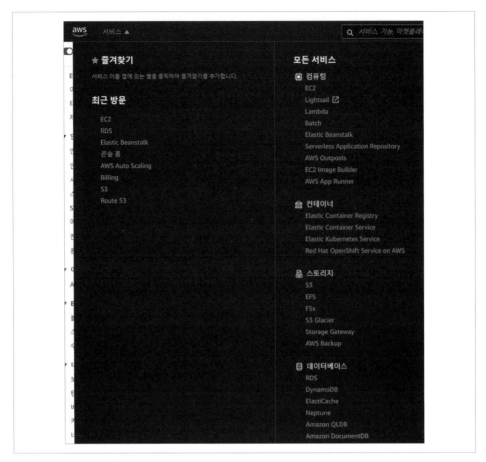

그림 2-3 AWS RDS 선택

리전이 서울인 것을 확인합니다.

그림 2-4 리전 확인

데이터베이스 > 데이터베이스 생성을 클릭합니다.

그림 2-5 데이터베이스 생성

MySQL을 선택합니다.

그림 2-6 데이터베이스 생성 2

MySQL 버전을 선택한 뒤에 템플릿 〉 프리티어를 선택합니다.

그림 2-7 데이터베이스 생성 3

DB 인스턴스 이름을 입력하고 마스터 이름과 비밀번호를 설정합니다.

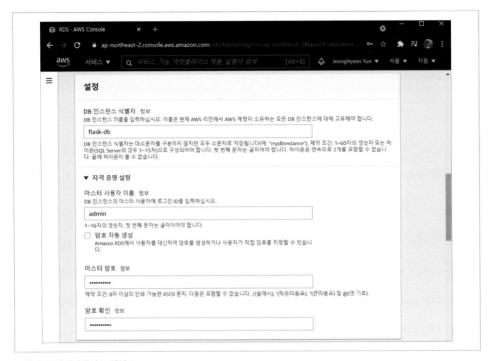

그림 2-8 데이터베이스 생성 4

연결 > 퍼블릭 엑세스 가능에서 '예'를 선택합니다.

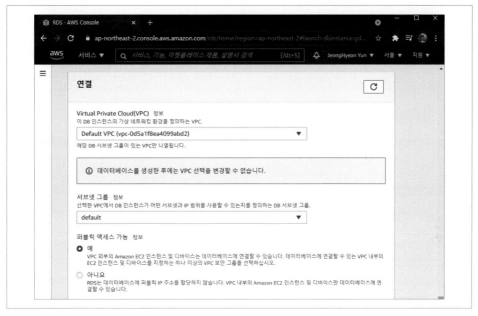

그림 2-9 데이터베이스 생성 5

[데이터베이스 생성] 버튼을 클릭합니다.

그림 2-10 데이터베이스 생성 6

상태 열의 값이 '사용 가능'으로 표시될 때까지 기다립니다.

그림 2-11 데이터베이스 사용 가능 확인

DB 식별자(flask-db)를 클릭하면 상태값과 엔드포인트를 알 수 있습니다. 이제 해당 엔드포인트와 입력했던 마스터 이름과 비밀번호로 접속해야 합니다.

그림 2-12 데이터베이스 엔드포인트 확인

필자는 PyCharm의 Database 기능을 이용해 접속했습니다. 우측 상단에 보이는 Database 항목에서 new 〉 Data Source 〉 MySQL 을 클릭한 뒤에 서버 정보를 입력해서 접속하면 됩니다. 접속이 성공적으로 끝났다면 다음과 같은 화면이 보입니다.

그림 2-13 데이터베이스 접속

flask 데이터베이스를 만듭니다. 우클릭 후 New 〉 Database 또는 Schema를 선택합니다. MySQL에서는 데이터베이스와 스키마 모두 동일한 개념입니다.

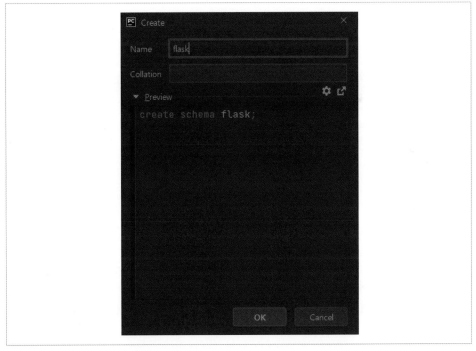

그림 2-14 flask 데이터베이스 생성

2.1.3 플라스크 예제 다운로드 및 실행

DB에 flask 데이터베이스를 만들었다면 이번에는 필자의 깃허브[3]에 공개된 플라스크 예제를 내려받을 차례입니다. 플라스크를 실무에서 직접 사용하면서 가장 이상적인 구조라고 생각하고 만들게 된 프로젝트입니다. 플라스크 구조를 배우는 과정에서 필자가 고민했던 문제들을 함께 살펴보고 이해하기를 바라는 마음으로 이 책에 해당 내용을 넣었습니다.

1장에서 만든 프로젝트명과 내려 받으려는 프로젝트명이 같아서 에러가 날 수 있습니다. 예를 들어 기존 프로젝트명이 flask라면 다른 이름으로 변경합니다.

```
C:\Users\wyun1>git clone https://github.com/gureuso/flask.git
C:\Users\wyun1>cd flask
C:\Users\wyun1\flask>virtualenv venv
C:\Users\wyun1\flask>call venv\Scripts\activate
C:\Users\wyun1\flask>pip install -r requirements.txt
```

다음은 설치해야 할 패키지 목록입니다. `pip install -r requirements.txt` 명령어로 일괄 설치합니다.

```
flask==1.1.2
Flask-Script==2.0.6
Flask-Migrate==2.7.0
Flask-SQLAlchemy==2.5.1
Flask-WTF==0.14.3
Flask-Login==0.5.0
mysqlclient==2.0.3
redis==2.10.6
unittest2==1.1.0
requests==2.25.1
```

운영체제에 따라 mysqlclient 설치 과정에서 에러가 발생할 수 있습니다. 각자 로컬 환경에 맞게 적절한 버전을 찾아서 설치해주세요.

플라스크 애플리케이션을 만들려면 다음과 같은 패키지들이 필요합니다. 플라스크는 패키지를 별도로 설치해 확장 기능들을 사용할 수 있습니다. 플라스크의 가벼움과 자유도를 엿볼 수 있는 부분입니다.

---

[3] https://github.com/gureuso/flask

패키지명	설명
flask	Flask 패키지
Flask-Script	각종 커맨드를 설정할 수 있게 만들어주는 패키지
Flask-Migrate	Alembic 기반 Flask 마이그레이션을 도와주는 패키지
Flask-SQLAlchemy	Flask 맞춤형 SQLAlchemy 패키지
Flask-WTF	WTForms 기반 Flask 폼 유효성 검사 패키지
Flask-Login	Flask 유저 세션 관리 패키지
mysqlclient	데이터베이스 연결해주는 패키지
redis	캐시 패키지
unittest2	테스트 패키지
requests	http 요청을 해주는 패키지

config.json을 만들고 다음 코드와 같이 입력합니다.

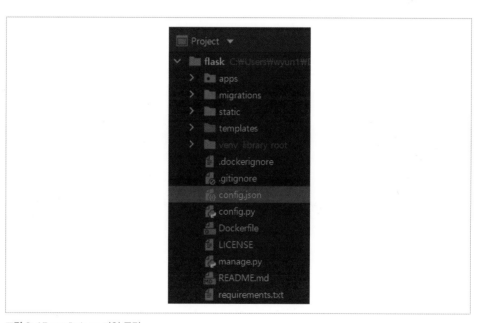

그림 2-15 config.json 파일 클릭

```
{
"APP_MODE": "development",
"DB_USER_NAME": "username",
"DB_USER_PASSWD": "password",
```

```
        "DB_HOST": "endpoint"
}
```

AWS RDS를 구축했다면 마스터 아이디와 비밀번호 그리고 엔드포인트가 들어갑니다. APP_
MODE는 production, development, testing이 있습니다. production으로 하면 파일 변동이
있어도 적용되지 않으므로 development 환경으로 세팅해줍니다.

config.json을 입력했다면 마이그레이션(데이터베이스 테이블 생성)을 할 차례입니다. 다음
명령어를 입력해주세요. 이때 db migrate 명령어는 자동으로 모델을 조회해서 마이그레이션
파일을 생성하며, db upgrade 명령어는 마이그레이션 파일로 실제 테이블을 생성합니다.

```
python manage.py db migrate
python manage.py db upgrade
```

실행 결과 화면은 다음과 같습니다.

```
(venv) C:\Users\wyun1\flask>python manage.py db migrate
INFO  [alembic.runtime.migration] Context impl MySQLImpl.
INFO  [alembic.runtime.migration] Will assume non-transactional DDL.
INFO  [alembic.autogenerate.compare] Detected added table 'test_tests'
INFO  [alembic.autogenerate.compare] Detected added table 'tests'
Generating C:\Users\wyun1\flask\migrations\versions\9199bf01054f_.py ...   done

(venv) C:\Users\wyun1\flask>python manage.py db upgrade
INFO  [alembic.runtime.migration] Context impl MySQLImpl.
INFO  [alembic.runtime.migration] Will assume non-transactional DDL.
INFO  [alembic.runtime.migration] Running upgrade  -> 9199bf01054f, empty message
```

마이그레이션 폴더에 파일이 생성된 것을 볼수 있습니다. 또한 실제 DB에 테이블이 생성된 것
을 확인할 수 있습니다. 이때 alembic_version 테이블은 마이그레이션 버전 관리를 위한 테이
블입니다.

그림 2-16 마이그레이션 파일 생성 확인

그림 2-17 마이그레이션 관련 테이블 생성 확인

이제 준비가 다 끝났습니다. runserver 명령어로 웹 서버를 실행합니다.

```
(venv) C:\Users\wyun1\flask>python manage.py runserver
 * Serving Flask app "apps.controllers.router" (lazy loading)
 * Environment: production
   WARNING: This is a development server. Do not use it in a production
deployment.
   Use a production WSGI server instead.
 * Debug mode: off
 * Running on http://0.0.0.0:80/ (Press CTRL+C to quit)
```

/test/ping으로 접속합니다. 웹 서버가 잘 작동하는 것을 볼 수 있습니다.

그림 2-18 웹 서버 접속 테스트

2.1.4 플라스크 예제 분석

apps, migrations, static, templates 등 많은 폴더와 파일을 볼 수 있습니다. 그럼 먼저 config.py와 manage.py를 살펴보겠습니다.

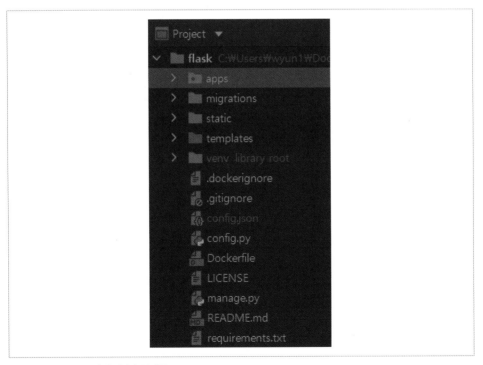

그림 2-19 플라스크 예제 파일과 폴더들

```
manage.py
# -*- coding: utf-8 -*-
import os
import sys
sys.path.append(os.path.dirname(os.path.abspath(__file__)))              ①
from config import Config

try:                                                                      ②
    activate_this = '{0}/venv/bin/activate_this.py'.format(Config.ROOT_DIR)
    with open(activate_this) as f:
        exec(f.read(), dict(__file__=activate_this))
except FileNotFoundError:
    activate_this = '{0}/venv/Scripts/activate_this.py'.format(Config.ROOT_DIR)
    with open(activate_this) as f:
        exec(f.read(), dict(__file__=activate_this))

from apps.controllers.router import app as application                     ③
from apps.common.commands.manager import manager                          ④

if __name__ == '__main__':
    manager.run()
```

이 코드를 순서대로 살펴보면 다음과 같습니다.

1 현재 경로를 시스템에 넣어줍니다. 이 작업을 통해 apps와 기타 파일들을 임포트할 수 있습니다.

2 virtualenv는 윈도우와 리눅스, 맥의 폴더 구조가 다릅니다. 윈도우는 Scripts, 리눅스와 맥은 bin 폴더를 가집니다. 이런 다른 폴더를 가지고 있어도 venv 폴더를 읽을 수 있게 해주는 코드입니다.

3 wsgi를 사용하려면 반드시 app을 임포트해서 application으로 변환해줘야 합니다.

4 common을 잠시 뒤에 살펴보겠지만 test, runserver, db 등의 커맨드를 사용할 수 있는 객체입니다.

다음은 플라스크 앱의 전체적인 설정값을 세팅하는 코드입니다. 하나씩 짚어봅시다.

```
config.py
# -*- coding: utf-8 -*-
import os
import json


ROOT_DIR = os.path.dirname(os.path.abspath(__file__))
```

```python
DATA = json.loads(open('{}/config.json'.format(ROOT_DIR)).read())


class JsonConfig:
    @staticmethod
    def get_data(varname, value=None):
        return DATA.get(varname) or os.environ.get(varname) or value

    @staticmethod
    def set_data(key, value):
        DATA[key] = value
        with open('{}/config.json'.format(ROOT_DIR), 'w') as f:
            json.dump(DATA, f, indent=4)

# app config
class Config:
    ROOT_DIR = ROOT_DIR
    STATIC_DIR = '{0}/static'.format(ROOT_DIR)
    TEMPLATES_DIR = '{0}/templates'.format(ROOT_DIR)
    ERROR_CODE = {
        40000: 'Bad Request',
        41000: 'Gone',
        40300: 'Forbidden',
        40400: 'Not Found',
        50000: 'Internal Server Error',
    }

    APP_MODE_PRODUCTION = 'production'
    APP_MODE_DEVELOPMENT = 'development'
    APP_MODE_TESTING = 'testing'

    APP_MODE = JsonConfig.get_data('APP_MODE', APP_MODE_PRODUCTION)
    APP_HOST = JsonConfig.get_data('APP_HOST', '0.0.0.0')
    APP_PORT = int(JsonConfig.get_data('APP_PORT', 80))

    DB_USER_NAME = JsonConfig.get_data('DB_USER_NAME', 'root')
    DB_USER_PASSWD = JsonConfig.get_data('DB_USER_PASSWD', 'password')
    DB_HOST = JsonConfig.get_data('DB_HOST', 'localhost')
    DB_NAME = JsonConfig.get_data('DB_NAME', 'flask')

    REDIS_HOST = JsonConfig.get_data('REDIS_HOST', 'localhost')
    REDIS_PASSWD = JsonConfig.get_data('REDIS_PASSWD')

    @staticmethod
```

```python
    def from_app_mode():
        mode = {
            Config.APP_MODE_PRODUCTION: 'config.ProductionConfig',
            Config.APP_MODE_DEVELOPMENT: 'config.DevelopmentConfig',
            Config.APP_MODE_TESTING: 'config.TestingConfig',
        }
        return mode.get(Config.APP_MODE, mode[Config.APP_MODE_DEVELOPMENT])

    @staticmethod
    def database_url(dialect='mysql'):
        if dialect == 'mongodb':
            return '{}://{}:{}@{}'.format(dialect, Config.DB_USER_NAME, Config.DB_
USER_PASSWD, Config.DB_HOST)

        return '{}://{}:{}@{}/{}?charset=utf8'.format(dialect, Config.DB_USER_
NAME, Config.DB_USER_PASSWD,
                                                    Config.DB_HOST, Config.DB_
NAME)

# flask config
class FlaskConfig:
    SECRET_KEY = '9022b99ae34ae74ec06bbea18653b6c98a6ff9ee66ac4f96'
    SQLALCHEMY_DATABASE_URI = Config.database_url()
    # https://stackoverflow.com/questions/33738467/how-do-i-know-if-i-can-disable-
sqlalchemy-track-modifications
    SQLALCHEMY_TRACK_MODIFICATIONS = False
    DEBUG = False
    TESTING = False


class ProductionConfig(FlaskConfig):
    pass

class DevelopmentConfig(FlaskConfig):
    SQLALCHEMY_ECHO = True
    DEBUG = True
    TESTING = True

class TestingConfig(FlaskConfig):
    TESTING = True
```

JsonConfig 클래스는 config.json 파일에서 값을 가져오는 역할을 합니다.

```
class JsonConfig:
```

DB 정보들을 정의할 때도 JsonConfig 클래스를 사용합니다.

```
DB_USER_NAME = JsonConfig.get_data('DB_USER_NAME', 'root')
DB_USER_PASSWD = JsonConfig.get_data('DB_USER_PASSWD', 'password')
DB_HOST = JsonConfig.get_data('DB_HOST', 'localhost')
DB_NAME = JsonConfig.get_data('DB_NAME', 'flask')
```

Config 클래스는 database_url()과 from_app_mode() 함수를 중점으로 보면 됩니다. database_url()은 앞에서 정의한 DB 정보를 가지고 DATABASE_URI를 생성합니다. DB에 접속하는 주소라고 보면 됩니다.

```
class Config:
```

from_app_mode 함수는 정의해 놓은 환경값에 따라 플라스크에서 환경값으로 쓰이는 클래스가 달라집니다. production, development, testing 세 가지인데 없을 때는 development 값이 기본값으로 들어갑니다. **주의할 점은 FlaskConfig의 SECRET_KEY는 값을 다르게 주어야 세션값이 노출되지 않습니다.**

```
class ProductionConfig(FlaskConfig):
class DevelopmentConfig(FlaskConfig):
class TestingConfig(FlaskConfig):
```

이제 apps 폴더를 살펴보겠습니다. common, controllers, database, test 폴더 등이 보입니다.

그림 2-20 플라스크 예제 파일과 폴더들 2

이들 폴더의 역할은 다음과 같습니다.

폴더명	설명
common	공통 로직 및 커맨드 조작, 블루프린트 자동 등록 클래스가 있습니다.
controllers	블루프린트 기반 컨트롤러들이 있습니다.
database	DB 연결 클래스 및 모델들이 있습니다.
test	컨트롤러 및 DB 테스트 코드가 있습니다.

common부터 살펴보겠습니다. 모든 컨트롤러는 블루프린트로 관리됩니다. 그런데 블루프린트를 사용하려면 각각의 앱마다 app.register_blueprint로 등록해줘야 한다는 것을 알고 계셨나요?

```
from flask import Flask
from yourapplication.simple_page1 import simple_page as simple_page1
from yourapplication.simple_page2 import simple_page as simple_page2
from yourapplication.simple_page3 import simple_page as simple_page3
from yourapplication.simple_page4 import simple_page as simple_page4

app = Flask(__name__)
app.register_blueprint(simple_page1)
app.register_blueprint(simple_page2)
app.register_blueprint(simple_page3)
app.register_blueprint(simple_page4)
```

블루프린트를 사용하는 컨트롤러가 많을수록 등록해야 하는 블루프린트 개수도 늘어납니다.
그래서 자동으로 임포트를 해주는 코드를 만들었습니다.

```
register.py
# -*- coding: utf-8 -*-
import importlib
import os
import re

class BlueprintRegister(object):
    def __init__(self, app, module_path, controller_name):
        self.app = app
        self.module_path = module_path
        self.controller_name = controller_name
        self.controller_path = self.app.root_path
        self.directories = []

    def register(self):
        self.find_dir(self.controller_path)
        for dir_path in self.directories:
            dir_path = dir_path[1:].replace('/', '.')
            module_path = '{}.{}.{}'.format(self.module_path, dir_path, self.
controller_name)
            module = importlib.import_module(module_path)
            self.app.register_blueprint(module.app)

    def find_dir(self, path):
        files = os.listdir(path)
        for file_name in files:
```

```
        isdir = os.path.isdir('{}/{}'.format(path, file_name))
        if not isdir:
            continue
        ignore = self.ignore(file_name)
        if ignore:
            continue
        self.append_dir(path, file_name)

def append_dir(self, path, file_name):
    dir_path = '{}/{}'.format(path, file_name)
    self.directories.append(dir_path.replace(self.controller_path, ''))
    self.find_dir(dir_path)

def ignore(self, name):
    # __pycache__/
    if re.match('__.*__', name):
        return True
    return False
```

register() 함수를 보시면 컨트롤러 경로를 추적해 블루프린트를 등록하는 것을 볼 수 있습니다.

```
module = importlib.import_module(module_path)
self.app.register_blueprint(module.app)
```

원래대로라면 컨트롤러마다 등록해야 했지만 BlueprintRegister 클래스로 해결했습니다.

```
router.py
# -*- coding: utf-8 -*-
from flask import Flask

from apps.common.register import BlueprintRegister
from apps.common.response import error

from config import Config

app = Flask(__name__, template_folder=Config.TEMPLATES_DIR, static_folder=Config.
STATIC_DIR)
app.config.from_object(Config.from_app_mode())
BlueprintRegister(app=app, module_path='apps.controllers', controller_
```

```
            name='controllers').register()

@app.errorhandler(403)
def forbidden(err):
    return error(40300)

@app.errorhandler(404)
def page_not_found(err):
    return error(40400)

@app.errorhandler(410)
def gone(err):
    return error(41000)

@app.errorhandler(500)
def internal_server_error(err):
    return error(50000)

BlueprintRegister(app=app, module_path='apps.controllers', controller_
name='controllers').register()
```

이번에는 database를 보겠습니다. 다음과 같이 models.py와 session.py가 있습니다. models.py는 데이터베이스 테이블이 있는 파일로 session.py에서 정의한 db를 가지고 테이블을 정의합니다.

```
session.py
# -*- coding: utf-8 -*-
from redis import Redis
from flask_sqlalchemy import SQLAlchemy

from config import Config
from apps.controllers.router import app

db = SQLAlchemy(app)
cache = Redis(host=Config.REDIS_HOST, password=Config.REDIS_PASSWD)

@app.teardown_request
def shutdown_session(exception=None):
    db.session.remove()
```

app을 가져와서 db를 정의합니다.

```
db = SQLAlchemy(app)
```

이렇게 정의한 db는 테이블을 정의하는 데 사용합니다. 여기서 models.py를 보면 특이한 점이 있습니다. 같은 테이블을 두 번 만드는 것인데요. tests라는 테이블을 test를 붙여 test_tests라는 테이블을 만듭니다. 이렇게 테이블을 한 번 더 만드는 이유는 테스트할 때 테스트 테이블을 사용하여 실제 테이블과 섞이지 않게 하려는 것입니다. 장고에서는 이미 이렇게 하는데 플라스크에서는 가이드라인이 없어 필자가 직접 만들어봤습니다.

```python
models.py
# -*- coding: utf-8 -*-
from apps.database.session import db
from config import JsonConfig

def get_model(model):
    if JsonConfig.get_data('TESTING'):
        return model.test_model
    return model

class TestMixin:
    id = db.Column(db.Integer, primary_key=True, autoincrement=True)
    message = db.Column(db.String(120))

class TestTestModel(TestMixin, db.Model):
    __tablename__ = 'test_tests'

class TestModel(TestMixin, db.Model):
    __tablename__ = 'tests'

    test_model = TestTestModel

Test = get_model(TestModel)
```

나머지 코드들에 대해서는 플라스크 확장에서 다루겠습니다.

2.2 플라스크 확장

2.2.1 Flask-SQLAlchemy

Flask-SQLAlchemy는 SQLAlchemy에 대해 지원을 추가하는 플라스크 확장 모듈입니다. SQLAlchemy의 일반적인 작업을 더 쉽게 수행할 수 있도록 유용한 기능들을 제공합니다.

이미 requirements.txt에 정의되어 있으므로 따로 설치하지는 않았습니다.

```
pip install Flask-SQLAlchemy
```

app.config.from_object() 함수로 플라스크 환경을 설정합니다. 이때 Config.from_app_mode를 추적하면 DB URI 설정을 볼 수 있습니다.

```
apps/controllers/router.py
app = Flask(__name__, template_folder=Config.TEMPLATES_DIR, static_folder=Config.STATIC_DIR)
app.config.from_object(Config.from_app_mode())
```

FlaskConfig는 공통으로 상속받는 클래스로 플라스크 설정에 필요한 기본값들이 들어 있습니다.

```
config.py
class FlaskConfig:
    SQLALCHEMY_DATABASE_URI = Config.database_url()
```

플라스크 설정을 끝냈다면 DB를 지정하는 일이 남았습니다. SQLAlchemy 클래스를 가져와 정의합니다. 그리고 apps/controllers/test/controllers.py를 수정합니다. RESTful API를 설계해보면서 ORM에 대해서 이해해봅니다.

```
apps/database/session.py
db = SQLAlchemy(app)
```

그럼 API를 직접 작성해봅시다. 다음 표는 우리가 만들어야 할 API 리스트를 보여줍니다.

메서드	URL	설명
GET	/test	tests 테이블에 있는 모든 데이터를 가져옵니다.
POST	/test	tests 테이블에 데이터를 추가합니다.
DELET	/test/test_id	tests 테이블에 test_id를 가진 데이터를 삭제합니다.
PUT	/test/test_id	tests 테이블에 test_id를 가진 데이터를 수정합니다.

```
controllers.py
@app.route('', methods=['GET'])
def get_tests():
    tests = Test.query.all()
    return render_template('test/test.html', tests=tests)


@app.route('', methods=['POST'])
def create_test():
    test = Test(message='Hello World!!!')
    db.session.add(test)
    db.session.commit()
    return ok()


@app.route('/<int:test_id>', methods=['DELETE'])
def delete_test(test_id):
    test = Test.query.filter(Test.id == test_id).first()
    db.session.delete(test)
    db.session.commit()
    return ok()


@app.route('/<int:test_id>', methods=['PUT'])
def update_test(test_id):
    test = Test.query.filter(Test.id == test_id).first()
```

```
    test.message = 'Hello World2!!!'
    db.session.commit()
    return ok()
```

```
@app.route('', methods=['GET'])
def get_tests():
    tests = Test.query.all()
    return render_template('test/test.html', tests=tests)
```

tests 테이블의 모든 데이터를 조회합니다. Jinja2 문법에서 클래스를 받을 수 있어 tests 변수에 담아 넘겨줬습니다. 데이터가 잘 나오는지는 모든 API를 작성한 뒤 테스트할 때 확인해보겠습니다.

```
tests = Test.query.all()
```

Test 모델에 인자를 넣어주는 방식으로 데이터를 저장합니다. 데이터를 저장한 뒤 db.session.add() 함수로 값을 세션에 넣어줍니다. 마지막으로 db.session.commit을 함으로써 데이터 저장을 확정합니다.

```
@app.route('', methods=['POST'])
def create_test():
    test = Test(message='Hello World!!!')
    db.session.add(test)
    db.session.commit()
    return ok()
```

삭제 API도 db.session.add에서 db.session.delete로 바뀌었을 뿐 큰 차이점은 없습니다.

```
@app.route('/<int:test_id>', methods=['DELETE'])
def delete_test(test_id):
    test = Test.query.filter(Test.id == test_id).first()
    db.session.delete(test)
    db.session.commit()
    return ok()
```

test.attribute로 데이터에 접근합니다. 그리고 커밋을 통해 데이터 수정을 확정합니다.

```python
@app.route('/<int:test_id>', methods=['PUT'])
def update_test(test_id):
    test = Test.query.filter(Test.id == test_id).first()
    test.message = 'Hello World2!!!'
    db.session.commit()
    return ok()
```

이제 실제로 작동하는지 웹 서버에서 테스트해보겠습니다. 프로덕션으로 환경 설정이 되어 있다면 파일이 변동되어도 적용되지 않습니다. 이럴 때는 서버를 종료했다가 다시 켜줘야 합니다.

POST /test URL를 호출합니다. 필자는 포스트맨이라는 API 테스트 툴을 사용했습니다. 툴 제공 링크[4]에서 내려 받을 수 있습니다.

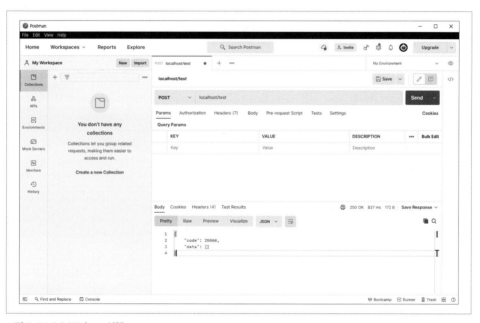

그림 2-21 POST /test 실행

----

4 https://www.postman.com/downloads/

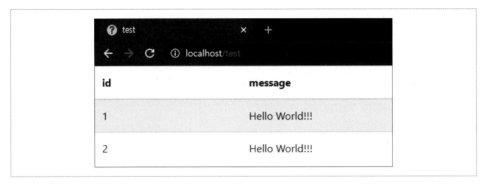

그림 2-22 GET /test 화면

이번에는 DELETE/test/1 URL를 호출했습니다. 1번 아이디를 가진 데이터가 삭제되어야 합니다.

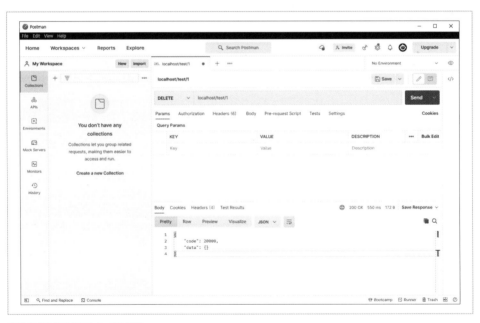

그림 2-23 DELETE /test/1 실행

삭제가 잘 되었습니다.

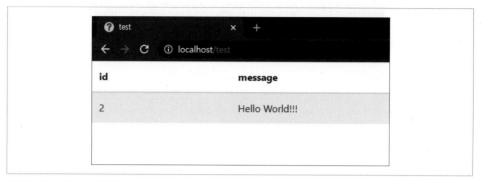

그림 2-24 GET /test 화면

PUT/test/2 URL를 호출했습니다. 2번 아이디를 가진 데이터가 Hello World2!!!로 수정되어야 합니다.

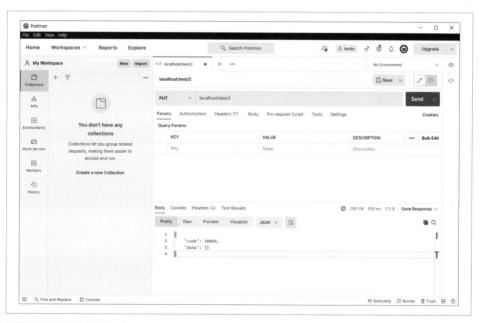

그림 2-25 PUT /test/2 실행

수정이 잘 되었습니다.

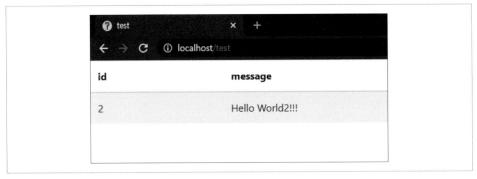

그림 2-26 GET /test 화면

지금까지 ORM으로 조회, 수정, 삭제하는 법을 배웠습니다. 이번에는 ORM으로 배우는 SQL 쿼리문을 살펴보겠습니다.

equals

```
Test.query.filter(Test.id == 1)
```

not equals

```
Test.query.filter(Test.id != 1)
```

LIKE

```
Test.query.filter(Test.message.like('%hello%'))
```

IN

```
Test.query.filter(Test.id.in_[1, 2, 3])
```

IS NULL

```
Test.query.filter(Test.id == None)
```

IS NOT NULL

```
Test.query.filter(Test.id != None)
```

```
Test.query.filter(Test.id == 1, Test.message != None)
Test.query.filter(and_(Test.id == 1, Test.message != None))
Test.query.filter(Test.id == 1).filter(Test.message != None)
```

```
Test.query.filter(or_(Test.id == 1, Test.id == 2))
```

SQL 쿼리문에 익숙해졌나요? SQL 쿼리문에는 조회뿐만 아니라 다양한 옵션이 있습니다. 이번에는 정렬과 조회도 배워봅시다.

다음은 id가 가장 높은 행을 가져오는 쿼리입니다. Test 모델의 id로 내림차순한 뒤에 하나의 행을 가져옵니다.

```
Test.query.order_by(Test.id.desc()).first()
```

기본적으로는 id 값으로 오름차순 정렬됩니다. Test 모델의 id로 오름차순한 뒤에 하나의 행을 가져옵니다.

```
Test.query.first()
```

Test 모델의 모든 행을 조회합니다.

```
Test.query.all()
```

물론 filter도 넣을 수 있습니다. Test 모델의 message 칼럼이 NULL이 아닌 경우의 행을 전부 조회하는 쿼리입니다.

```
Test.query.filter(Test.message != None).all()
```

SQL 쿼리문을 다뤄봤다면 중요한 내용이 빠졌다는 것을 바로 알아차렸을 겁니다. 바로 JOIN과 GROUP BY가 나오지 않았다는 점인데요. 물론 ORM에서 JOIN과 GROUP BY 모두 사용할 수 있습니다. 그런데 바로 소개하지 않고 따로 말씀드리는 이유는 다음과 같습니다. 단순한 두 개의 JOIN과 GROUP BY 절은 ORM에서 매우 효과적으로 쓸 수 있습니다. 하지만 실무에서는 엮어야 하는 테이블이 여러 개일 때가 대부분입니다. 필자는 이것이 오히려 가독성을 해치고 파이썬답지 않다고 생각합니다. 그래서 이번에는 RAW QUERY를 실행하는 법에 관해 설명하고자 합니다.

다음과 같이 db.engine.execute로 접근할 수 있고 첫 번째 인자로 쿼리를, 두 번째 인자로 쿼리문에 들어갈 변수를 정의하는 코드를 만듭니다.

```python
db.engine.execute("""SELECT COUNT(id) AS cnt FROM tests WHERE message IS NOT NULL
GROUP BY message""")

db.engine.execute("""SELECT id FROM tests WHERE id != %s""", (1))

query = """SELECT * FROM tests"""
result = db.session.execute(query)

print(result.fetchall())
[(2, 'Hello World2!!!')]

print(result.fetchone())
(2, 'Hello World2!!!')

for r in result:
    print(r.message)
Hello World2!!!
```

사용 방법에 대해 감이 오시나요? 필자는 간단한 조회, 저장, 수정, 삭제는 ORM을 사용하고 복잡한 조회는 RAW QUERY를 사용해서 문제를 해결합니다. 이처럼 ORM과 RAW QUERY를 적절히 사용하는 것은 꽤 중요합니다.

이제 ORM을 어느 정도 이해하셨을 겁니다. 하지만 ORM의 매력은 여기서 끝이 아닙니다. 저희가 사용하는 DB는 관계형 데이터베이스입니다. 즉, 테이블 간에 관계를 맺습니다. 그 관계는 일대일$^{ONE\ TO\ ONE}$, 일대다$^{ONE\ TO\ MANY}$, 다대다$^{MANY\ TO\ MANY}$ 형태로 정의할 수 있습니다.

첫 번째로 일대일 관계에 관해서 알아보겠습니다. 일대일 관계란 한 테이블이 다른 테이블과 반드시 하나의 관계, 즉 1:1 관계로만 이루어지는 것을 말합니다.

다음 코드에서 Token은 하나의 User를 가지고 User는 하나의 Token을 가집니다. 일대일 관계라고 할 수 있습니다.

```python
class Token(db.Model):
    __tablename__ = 'tokens'

    id = db.Column(db.Integer, primary_key=True, autoincrement=True)
    user = db.relationship('User', backref='token', uselist=False)


class User(db.Model, UserMixin):
    __tablename__ = 'users'

    id = db.Column(db.Integer, primary_key=True, autoincrement=True)
    token_id = db.Column(db.Integer, db.ForeignKey('tokens.id'))
```

먼저 User 모델의 token_id는 Token 모델의 id를 참조합니다. 그 다음 db.relationship을 사용해 관계를 설정합니다. 인자로는 테이블명, 백레퍼런스로 사용할 이름, 일대일 관계 때문에 False로 값이 들어갑니다.

```python
token_id = db.Column(db.Integer, db.ForeignKey('tokens.id'))

token = Token.query.first()
token.user
<User 1>

user = User.query.first()
user.token
<Token 1>
```

token에서도 user로 접근이 가능하고 user에서도 token으로 접근이 가능합니다. 일대일 관계가 설정되었습니다.

두 번째로 일대다 관계에 대해서 알아보겠습니다. 일대다 관계란 한 테이블에서 다른 테이블과 1:N 관계로 이루어지는 것을 말합니다.

```python
class PointType(db.Model):
    __tablename__ = 'point_types'
```

```
    id = db.Column(db.Integer, primary_key=True, autoincrement=True)
    name = db.Column(db.String(10))

    points = db.relationship('Point', backref='point_type')

class Point(db.Model):
    __tablename__ = 'points'

    id = db.Column(db.Integer, primary_key=True, autoincrement=True)
    type_id = db.Column(db.Integer, db.ForeignKey('point_types.id'))
```

PointType 모델은 Point 모델의 종류를 결정하는 테이블입니다. PointType 모델에는 하나밖에 없는 id가 Point 모델에는 여러 개가 존재할 수 있습니다.

```
    type_id = db.Column(db.Integer, db.ForeignKey('poin t_types.id'))
```

Point 모델은 PointType의 id를 가집니다. db.relationship도 일대일 관계일 때와 차이점은 없습니다. 일대일 관계와의 차이점은 uselist 뿐입니다. uselist는 일대일 관계에서는 단일 클래스로 반환되기 때문에 False로 주었지만 여기서는 목록으로 반환되기 때문에 True로 주었습니다. 기본값이 True이므로 인자로는 들어가지 않았습니다.

point에서는 유일한 point_type을 반환하고 point_type은 여러 개의 point를 반환합니다. 일대다 관계가 설정되었습니다.

```
point = Point.query.first()
print(point.point_type)
<PointType 1>

point_type = PointType.query.first()
print(point_type.points)
[<Point 1>, <Point 2>, <Point 3>]
```

세 번째로 다대다 관계를 알아보겠습니다. 다대다 관계란 한 테이블의 레코드들이 다른 테이블의 레코드들과 N:N 관계인 것을 말합니다.

예를 들어 다음과 같은 학생 테이블이 있습니다. 이 학생 테이블에는 수업 테이블의 id가 여러 개 있습니다. 이것은 여러 명의 학생이 여러 개의 수업을 들을 수 있다는 의미입니다. 한 수업을 들을 수 있는 학생이 여러 명이고 한 학생이 여러 개의 수업을 들을 수 있다면 이러한 관계를 다대다 관계라고 할 수 있습니다.

student id	class id	student name
1	1, 2, 3, 4	Alex
2	3, 4, 5, 6	Jun

student id	class id
1	1
1	2
1	3
1	4
2	3
2	4
2	5
2	6

student id	student name
1	Alex
2	Jun

class id	class name
1	JAVA
2	C
3	PYTHON
4	C++
5	C#
6	KOTLIN

다대다 관계를 표현하려면 class_students라는 테이블을 별도로 만들어야 합니다. 그리고 class_students 테이블과 students 테이블은 다대일 관계를, class_students 테이블과 class 테이블은 다대일 관계를 생성합니다.

코드를 살펴보겠습니다. 중간자 역할을 하는 class_students 테이블을 생성합니다. 이 테이블은 각각 class_id와 student_id를 외래키로 지정합니다.

```python
ClassStudent = db.Table('class_students',
                        db.Column('id', db.Integer, primary_key=True,
autoincrement=True),
                        db.Column('klass_id', db.Integer, db.ForeignKey('klass.
id')),
                        db.Column('student_id', db.Integer,
db.ForeignKey('students.id')))


class Student(db.Model):
    __tablename__ = 'students'

    id = db.Column(db.Integer, primary_key=True, autoincrement=True)
    name = db.Column(db.String(10))

    klass = db.relationship('Klass', secondary=ClassStudent, backref='students')


class Klass(db.Model):
    __tablename__ = 'klass'

    id = db.Column(db.Integer, primary_key=True, autoincrement=True)
    name = db.Column(db.String(10))

ClassStudent = db.Table('class_students',
                        db.Column('id', db.Integer, primary_key=True,
autoincrement=True),
                        db.Column('klass_id', db.Integer, db.ForeignKey('klass.
id')),
                        db.Column('student_id', db.Integer,
db.ForeignKey('students.id')))
```

다음은 제일 중요한 db.relationship 부분 입니다. secondary 옵션에 class_students 테이블을 넣어줍니다. backref는 편의를 위해 넣어줍니다.

```python
klass = db.relationship('Klass', secondary=ClassStudent, backref='students')
```

다대다 관계가 설정되었습니다.

```
c1 = Klass(name='C')
c2 = Klass(name='C++')
c3 = Klass(name='C#')
c4 = Klass(name='PYTHON')
c5 = Klass(name='JAVA')
c6 = Klass(name='KOTLIN')
s1 = Student(name='Alex', klass=[c1, c2, c3, c4])
s2 = Student(name='Jun', klass=[c3, c4, c5, c6])

db.session.add(s1)
db.session.add(s2)
db.session.commit()

print(s1.klass)
[<Klass 1>, <Klass 2>, <Klass 3>, <Klass 6>]
print(s2.klass)
[<Klass 3>, <Klass 6>, <Klass 4>, <Klass 5>]
print(c3.students)
[<Student 1>, <Student 2>]
```

2.2.2 Flask-Script

다음과 같은 명령어로 설치를 실행합니다.

```
pip install Flask-Script
```

Flask-Script는 Flask itself와 유사하게 작동합니다. 데코레이터로 명령을 정의하고 Manager 인스턴스에 다음 명령어를 추가합니다.

다음은 플라스크 스크립트를 활용해서 명령어를 만들어보는 코드입니다.

```
common/commands/manager.py
# -*- coding: utf-8 -*-
import unittest2
from flask_script import Manager
from flask_migrate import Migrate, MigrateCommand
```

```python
from apps.controllers.router import app
from apps.database.session import db
from config import Config, JsonConfig

migrate = Migrate(app, db)
manager = Manager(app)
manager.add_command('db', MigrateCommand)


@manager.command
def test():
    """test code"""
    JsonConfig.set_data('TESTING', True)

    loader = unittest2.TestLoader()
    start_dir = '{0}/apps'.format(Config.ROOT_DIR)
    suite = loader.discover(start_dir)

    runner = unittest2.TextTestRunner()
    r = runner.run(suite)

    JsonConfig.set_data('TESTING', False)

    if r.wasSuccessful():
        print('success')
    else:
        print('fail')
        exit(1)

@manager.option('-h', '--host', dest='host', default=Config.APP_HOST)
@manager.option('-p', '--port', dest='port', default=Config.APP_PORT)
def runserver(host, port):
    """run flask server"""
    app.run(host=host, port=int(port))
```

먼저 Manager 객체를 선언해줍니다.

```python
manager = Manager(app)
```

그 뒤에 데코레이터를 선언해 명령할 코드를 정의합니다. 이때 함수 이름이 곧 명령어가 됩니다. python manage.py test로 해당 함수를 호출합니다.

```
@manager.command
def test():
```

이번에는 runserver를 정의해보겠습니다. 역시 python manage.py runserver로 호출할 수 있습니다.

그리고 명령어에 옵션을 넣을 수도 있습니다. 첫 번째 인자로는 숏 옵션, 두 번째 인자로는 풀 옵션, 세 번째 인자로는 옵션으로 받은 값을 받을 변수 이름, 네 번째 인자로는 값이 없을 경우 기본값 등을 정의할 수 있습니다.

```
@manager.option('-h', '--host', dest='host', default=Config.APP_HOST)
@manager.option('-p', '--port', dest='port', default=Config.APP_PORT)
def runserver(host, port):
```

다음 코드는 manage.py에서 해당 명령어들을 사용할 수 있게 선언하는 코드입니다.

```
manage.py
from apps.common.commands.manager import manager

if __name__ == '__main__':
    manager.run()
```

다음은 runserver 명령어를 실행한 출력 결과입니다.

```
(venv) C:\Users\wyun1\flask>python manage.py runserver -h localhost -p 80
 * Serving Flask app "apps.controllers.router" (lazy loading)
 * Environment: production
   WARNING: This is a development server. Do not use it in a production
deployment.
   Use a production WSGI server instead.
 * Debug mode: on
 * Restarting with stat
 * Debugger is active!
 * Debugger PIN: 181-572-627
 * Running on http://localhost:80/ (Press CTRL+C to quit)
```

플라스크 스크립트는 db, cron 등의 명령어를 연결해 다양하게 활용할 수 있는 유용한 모듈입니다. 더 자세한 활용은 관련 링크[5]를 참고해주세요.

2.2.3 Flask-WTF

플라스크용 WTForms를 설명하겠습니다. CSRF, file upload 등을 지원합니다.

먼저 다음과 같은 명령어로 설치를 진행합니다.

```
pip install Flask-WTF
```

다음은 플라스크 실습 예제 중 플라스크 폼 검사 패키지를 활용한 폼 검사에 관한 예제 코드입니다.

```python
apps/controllers/test/forms.py
# -*- coding: utf-8 -*-
from flask_wtf import FlaskForm
from wtforms import StringField, SelectField, IntegerField
from wtforms.validators import DataRequired, NumberRange, Length


class TestForm(FlaskForm):
    fruits = SelectField('fruits', validators=[DataRequired()], choices=[])
    username = StringField('username', validators=[DataRequired(), Length(max=10,
message='10자를 넘을 수 없습니다.')])
    amount = IntegerField('amount', validators=[DataRequired(),
                                         NumberRange(min=1, max=10000,
message='자릿수를 초과했습니다.')])
```

```python
apps/controllers/test/controllers.py
# -*- coding: utf-8 -*-
from .forms import TestForm


@app.route('/html', methods=['GET', 'POST'])
```

---

5 https://flask-script.readthedocs.io/en/latest/

```python
def html():
    form = TestForm()

    fruits = {'apple': '사과', 'orange': '오렌지', 'grape': '포도'}
    for key in fruits.keys():
        form.fruits.choices.append((key, fruits[key]))

    if form.validate_on_submit():
        return render_template('test/html.html', form=form, result='저장했습니다.')

    return render_template('test/html.html', form=form)
```

```
templates/test/html.html
{% extends 'layout/base.html' %}

{% block head %}
  <title>test</title>
{% endblock %}

{% block body %}
  <div class="row">
    <div class="col-lg-3 m-2">
      <form action="/test/html" method="post">
        {{ form.hidden_tag() }}
        <div class="form-group row">
          <label class="col-form-label col-lg-3">과일들</label>
          <div class="col-lg-9">
            {{ form.fruits(class='form-control') }}
            <div class="invalid-feedback d-block">
              {{ form.fruits.errors[0] }}
            </div>
          </div>
        </div>
        <div class="form-group row">
          <label class="col-form-label col-lg-3">가격</label>
          <div class="col-lg-9">
            {{ form.amount(class='form-control') }}
            <div class="invalid-feedback d-block">
              {{ form.amount.errors[0] }}
            </div>
          </div>
        </div>
          <label class="col-form-label col-lg-3">구매자</label>
```

```
            <div class="col-lg-9">
              {{ form.username(class='form-control') }}
              <div class="invalid-feedback d-block">
                {{ form.username.errors[0] }}
              </div>
            </div>
          </div>
          <div class="form-group">
            <span class="text-primary">{{ result }}</span>
          </div>
          <div class="form-group">
            <button class="btn btn-primary float-right" type="submit" value="submit">
저장</button>
          </div>
        </form>
      </div>
   </div>
{% endblock %}
```

먼저 Form부터 살펴보겠습니다. FlaskForm 객체를 상속받습니다.

```
class TestForm(FlaskForm):
    fruits = SelectField('fruits', validators=[DataRequired()], choices=[])
    username = StringField('username', validators=[DataRequired(), Length(max=10,
message='10자를 넘을 수 없습니다.')])
    amount = IntegerField('amount', validators=[DataRequired(),
                                    NumberRange(min=1, max=10000,
message='자릿수를 초과했습니다.')])
```

변수명 = 필드타입(라벨명, 검증 함수들, 그 외 옵션들) 기본 틀입니다. 여기서는 과일들을 여러 개 선택하고 싶어서 SelectField를 선택했고 validators로는 DataRequired를 넣었습니다. 데이터가 없을 때는 에러를 출력합니다.

```
fruits = SelectField('fruits', validators=[DataRequired()], choices=[])
```

이번에는 StringField입니다. 다른 점은 Length가 들어갔습니다. 데이터의 존재 여부도 중요하지만 있을 때의 조건도 중요합니다. 10글자로 제한을 주었고 조건에 만족하지 않을 때는 메시지를 출력하게 했습니다.

```
username = StringField('username', validators=[DataRequired(), Length(max=10,
message='10자를 넘을 수 없습니다.')])
```

이번에는 컨트롤러 로직에 폼 검사를 어떻게 활용하는지에 관한 예제 코드입니다.

```
form = TestForm()

fruits = {'apple': '사과', 'orange': '오렌지', 'grape': '포도'}
for key in fruits.keys():
    form.fruits.choices.append((key, fruits[key]))

if form.validate_on_submit():
    return render_template('test/html.html', form=form, result='저장했습니다.')

return render_template('test/html.html', form=form)
```

SelectField를 위해서 값을 넣어줬습니다. 아까 choices 변수에 값이 들어간다고 보면 됩니다.

```
fruits = {'apple': '사과', 'orange': '오렌지', 'grape': '포도'}
for key in fruits.keys():
    form.fruits.choices.append((key, fruits[key]))
```

form.validate_on_submit는 폼 값이 조건에 만족할 경우 True를 리턴합니다. result 변수에 정상적으로 저장되었다고 알리는 값을 추가했습니다.

```
if form.validate_on_submit():
    return render_template('test/html.html', form=form, result='저장했습니다.')
```

html에서는 아까 라벨에 설정한 값을 가지고 접근합니다. 에러를 보고 싶을 때는 form.라벨.errors를 출력합니다.

```
<div class="col-lg-9">
    {{ form.username(class='form-control') }}
    <div class="invalid-feedback d-block">
        {{ form.username.errors[0] }}
    </div>
</div>
```

조건을 만족하지 않을 때는 다음과 같이 설정한 메시지를 출력하는 것을 볼 수 있습니다.

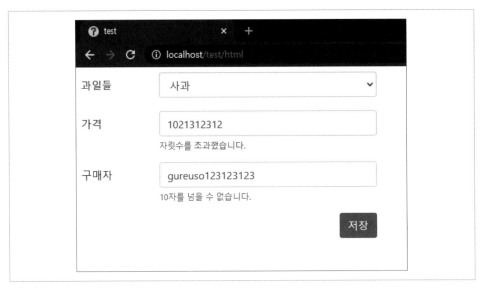

그림 2-27 폼 유효성 테스트

정상적인 값을 넣으면 form.validate_on_submit는 True를 리턴하고 result 변수에 '저장했습니다.'라는 문자열이 저장됩니다.

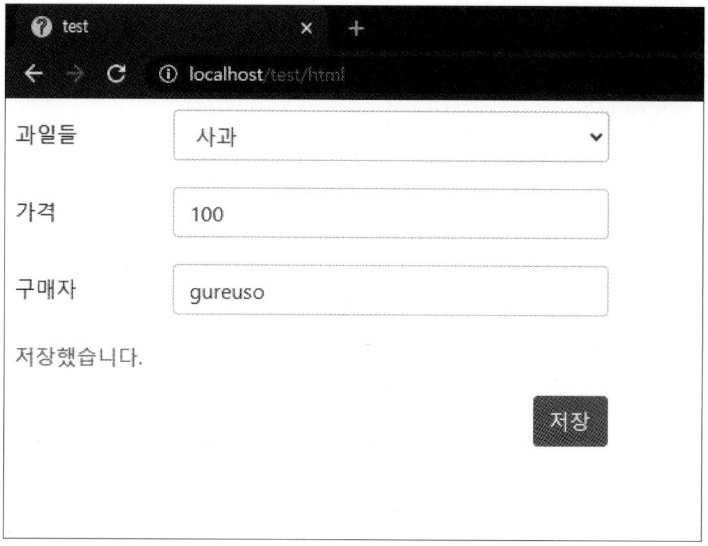

그림 2-28 폼 유효성 통과 확인

2.2.4 Flask-Login

Flask-Login은 플라스크 유저 세션 관리를 제공합니다. 구체적으로는 로그인, 로그아웃, 유저 세션 유지 등의 기능을 제공합니다.

다음은 플라스크 로그인 패키지를 설치하는 명령어입니다.

```
pip install Flask-Login
```

기본적으로 Flask-Login은 인증을 위해 세션을 사용합니다. 즉 애플리케이션의 비밀키가 필요합니다. app을 init하는 이유 중 하나입니다.

```
apps/database/session.py
# -*- coding: utf-8 -*-
from flask_login import LoginManager

from apps.controllers.router import app
```

```
login_manager = LoginManager()
login_manager.init_app(app)

apps/database/models.py
# -*- coding: utf-8 -*-
from flask_login import UserMixin

from apps.database.session import db, login_manager


class User(db.Model, UserMixin):
    __tablename__ = 'users'

    id = db.Column(db.Integer, primary_key=True, autoincrement=True)
    username = db.Column(db.String(100), unique=True)
    password = db.Column(db.String(255))
    created_at = db.Column(db.DateTime)

    rank = db.Column(db.Integer, default=1)
    point = db.Column(db.Integer, default=0)

    @property
    def is_admin(self):
        user = User.query.filter(User.id == self.get_id()).first()
        if not (user and user.rank):
            return False
        if user.rank < 2:
            return False
        return True


@login_manager.user_loader
def load_user(user_id):
    return User.query.filter(User.id == user_id).first()
```

user_loader 콜백을 제공해야 합니다. 이 콜백은 세션에 저장된 사용자를 다시 로드하는 데 사용합니다.

```
@login_manager.user_loader
def load_user(user_id):
    return User.query.filter(User.id == user_id).first()
```

모델에 UserMixin을 상속받는 것을 잊어서는 안 되겠습니다.

```
class User(db.Model, UserMixin):
```

로그인과 로그아웃은 다음과 같이 사용합니다.

```
user = User.query.filter(User.username == form.username.data).first()
login_user(user)

logout_user()
```

이제 from flask_login import current_user로 모든 것을 컨트롤할 수 있습니다.

```
from functools import wraps
from flask import redirect
from flask_login import current_user

from apps.common.response import error

def admin_login_required(f):
    @wraps(f)
    def decorated(*args, **kwargs):
        if not current_user.is_authenticated:
            return redirect('/users/signin')

        if not current_user.is_admin:
            return redirect('/users/signin')

        return f(*args, **kwargs)
    return decorated
```

직접 함수를 만들 수도 있고 is_authenticated처럼 기존 시스템을 이용할 수도 있습니다.

```
@property
def is_admin(self):
    user = User.query.filter(User.id == self.get_id()).first()
    if not (user and user.rank):
        return False
    if user.rank < 2:
        return False
    return True
```

유저의 모델에도 직접 접근할 수 있습니다.

```
current_user.id
current_user.username
```

2.3 플라스크 테스트

개발할 때 테스트 코드를 함께 개발하는 TDD[test-driven development]는 소프트 개발에서 빠지지 않고 등장하는 프로세스 중 하나입니다. 테스트 코드를 작성하여 사전에 버그를 방지하고 소프트웨어 품질을 높이는 데 도움이 됩니다. 테스트 종류로는 단위 테스트[unit test], 기능 테스트[functional test], 통합 테스트[integration test] 등이 있습니다. 플라스크에서는 기본적으로 유닛 테스트와 기능 테스트를 예로 들 수 있습니다.

- 단위 테스트: 클래스나 함수 단위를 테스트합니다.
- 기능 테스트: API 요청 시 올바른 값 혹은 잘못된 값에 대해 정확히 응답하는지 테스트합니다.
- 통합 테스트: 서비스 측면에서 테스트합니다.

2.3.1 기능 테스트

다음과 같은 API가 있습니다. 리턴 값만 봐서는 어떻게 결괏값이 오는지 모르겠습니다. API를 호출해보겠습니다.

```
apps/controllers/index/controllers.py
@app.route('/', methods=['GET'])
def index():
    return ok('Index')
```

다음과 같이 {"code": 20000, "data": "Index"}를 리턴합니다. 변수가 없어 테스트 코드는 단순합니다.

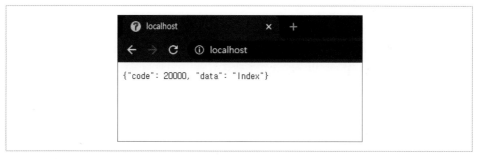

그림 2-29 웹 서버 리턴값 확인

테스트 코드를 살펴보겠습니다.

```
apps/test/controllers/index/test.py
# -*- coding: utf-8 -*-
import json
import unittest2

from apps.controllers.router import app


class Test(unittest2.TestCase):
    def setUp(self):
        self.app = app.test_client()

    def tearDown(self):
        pass

    def test_get_index(self):
        result = self.app.get('/')
        self.assertEqual(result.status_code, 200)
        data = json.loads(result.data.decode('utf-8'))
        self.assertEqual(data['data'], 'Index')

if __name__ == '__main__':
    unittest2.main()
```

TestCase를 상속받아 setUp( ), teardown( ) 등과 같은 함수를 사용할 수 있습니다. 또한 test_테스트명으로 테스트 선언이 가능해집니다. test_테스트명으로 선언한 함수들에 대해 테스트를 진행합니다.

```
class Test(unittest2.TestCase):
```

플라스크에서 API를 테스트하려면 app을 선언해야 합니다. 이때 다음과 같이 선언합니다.

```
def setUp(self):
    self.app = app.test_client()
```

TestCase 객체는 assert( ) 함수들을 제공하는데 여기서는 assertEqual( ) 함수를 사용해서 값을 검증했습니다.

```
def test_get_index(self):
    result = self.app.get('/')
    self.assertEqual(result.status_code, 200)
    data = json.loads(result.data.decode('utf-8'))
    self.assertEqual(data['data'], 'Index')
```

API를 호출해서 HTTP STATUS 값이 200인지 확인합니다. JSON 결괏값을 불러와 데이터와 일치하는지 비교합니다.

```
result = self.app.get('/')
self.assertEqual(result.status_code, 200)
```

테스트 코드를 추적해 한 번에 실행해주는 로직입니다. python manage.py test로 실행합니다.

```
data = json.loads(result.data.decode('utf-8'))
self.assertEqual(data['data'], 'Index')
apps/common/commands/manager.py
@manager.command
def test():
    """test code"""
    JsonConfig.set_data('TESTING', True)

    loader = unittest2.TestLoader()
    start_dir = '{0}/apps'.format(Config.ROOT_DIR)
    suite = loader.discover(start_dir)
```

```
runner = unittest2.TextTestRunner()
r = runner.run(suite)

JsonConfig.set_data('TESTING', False)

if r.wasSuccessful():
    print('success')
else:
    print('fail')
    exit(1)
```

python manage.py test를 실행하면 apps/test 폴더에 있는 모든 테스트케이스를 실행하게 됩니다. 테스트 코드를 통과했다면 다음과 같은 결과가 출력됩니다.

```
(venv) C:\Users\wyun1\flask>python manage.py test
.......
----------------------------------------------------------------------
Ran 8 tests in 1.218s

OK
success
```

2.4 플라스크 비동기

웹 서버를 작성하다 보면 실행이 오래 걸리는 작업을 컨트롤러에 넣어야 할 때가 있습니다. 그 작업을 처리하느라 다른 요청을 리턴하지 못하는 모습을 종종 볼 수 있습니다. 전형적인 동기 프로그래밍의 문제점입니다.

이럴 때 필요한 것이 바로 비동기 작업입니다. 비동기는 한 작업을 실행하고 끝날 때까지 대기하지 않고 다른 작업까지 처리해줍니다. 따라서 동기보다 훨씬 빠르게 처리할 수 있습니다.

플라스크에서는 비동기를 활용해서 오래 걸리는 작업들을 어떻게 처리하는지 배워봅니다.

2.4.1 셀러리를 이용한 비동기 구현

셀러리celery는 비동기 작업 큐task queue입니다. 셀러리는 혼자서 동작하지 않는데, 클라이언트 client가 태스크task를 생성하면 브로커broker가 태스크를 받아 메시지 큐message queue에 쌓고 적절하게 분배하여 워커worker에게 태스크를 던져줍니다. 워커는 태스크를 받아 처리합니다.

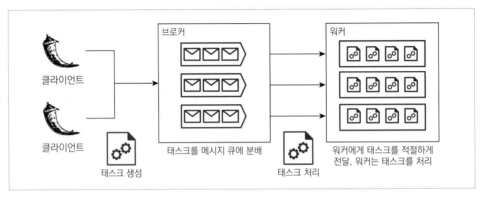

그림 2-30 셀러리 작동 과정

- 클라이언트client: 태스크를 생성합니다.
- 브로커broker: 태스크를 메시지 큐에 넣고 워커에게 적절하게 분배합니다. 브로커의 종류로는 RabbitMQ, Redis, Amazon SQS 등이 있습니다.
- 워커worker: 태스크를 처리합니다.

셀러리에 관해 어느 정도 이해가 되셨나요? 이번에는 셀러리의 특징을 알아보면서 장점을 파악해봅시다.

- 고가용성: 워커와 클라이언트는 연결 유실이나 실패 태스크에 대해 자동으로 재시도합니다. 또한 브로커를 수평 확장하여 고가용성을 유지할 수 있습니다.
- 속도: 단일 셀러리 프로세스는 최적화 설정(RabbitMQ, py-librabbitmq)으로 수 밀리초 정도의 지연 시간 안에 수백만 개의 태스크를 처리할 수 있습니다.

셀러리는 혼자서 동작하지 않고 브로커와 함께 동작한다고 앞에서 설명했습니다. 브로커의 종류는 많고 각각 장단점이 있습니다. 하지만 독자 여러분이 쉽게 실습할 수 있어야 한다는 생각에, 이 책에서는 인프라를 직접 구축하지 않아도 되는 Amazon SQSsimple queue service를 사용합니다. RDS처럼 프리티어를 지원하는 Amazon SQS는 매월 백만 건을 무료로 사용할 수 있습니다.

그럼 실습을 통해 셀러리를 배워보겠습니다. 먼저 ID 액세스 관리 서비스인 AWS IAM[Identity and Access Management] 서비스로 이동합니다. 검색창에 IAM이라고 치면 해당 서비스에 접근할 수 있습니다. 엑세스 관리 〉 사용자를 클릭합니다.

그림 2-31 AWS IAM 화면

대시보드 상단의 [사용자 추가] 버튼을 클릭합니다.

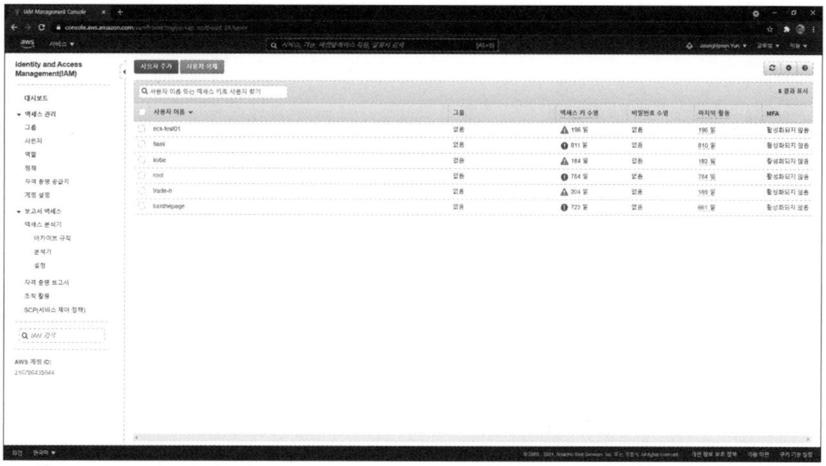

그림 2-32 AWS IAM 사용자 추가

'사용자 이름'을 정해줍니다. AWS 엑세스 유형으로는 '프로그래밍 방식 엑세스'를 선택합니다. 프로그래밍 방식 액세스를 선택하면 access_key와 secret_key로 AWS 서비스에 접근할 수 있습니다.

그림 2-33 AWS IAM 사용자 추가 2

권한 설정에서 '기존 정책 직접 연결' 탭을 클릭합니다. 그 뒤에 정책 필터에서 sqs를 검색한 뒤 AmazonSQSFullAccess 항목을 선택합니다.

그림 2-34 AWS IAM 사용자 추가 3

엑세스 키 ID와 비밀 엑세스 키를 부여받았습니다. 잊어버리지 않게 메모장에 따로 적어둡니다.

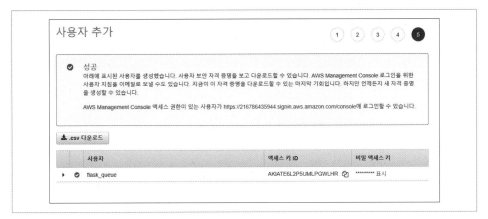

그림 2-35 AWS IAM 사용자 추가 4

엑세스 관리 〉 사용자로 돌아와 해당 사용자 이름을 클릭합니다.

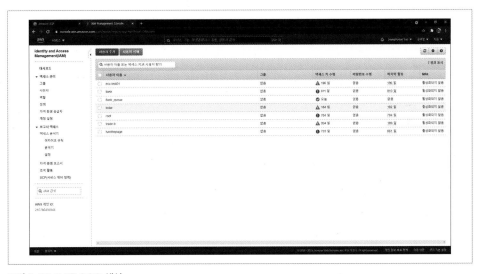

그림 2-36 AWS SQS 생성

사용자 ARN을 복사합니다. SQS에서 특정 유저만 송수신할 수 있게 권한 설정 시 필요한 값입니다.

그림 2-37 AWS SQS 생성 2

이제 AWS SQS 서비스로 이동합니다. 리전이 서울인지 확인하고 대기열 생성 버튼을 클릭합니다.

그림 2-38 AWS SQS 생성 3

표준과 FIFO 유형이 있습니다. 표준을 선택합니다. FIFO(First In First Out)은 선입선출이라고 해서 순서가 보장되며 먼저 들어온 작업을 먼저 처리합니다. 표준을 선택한 뒤에 이름을 입력합니다.

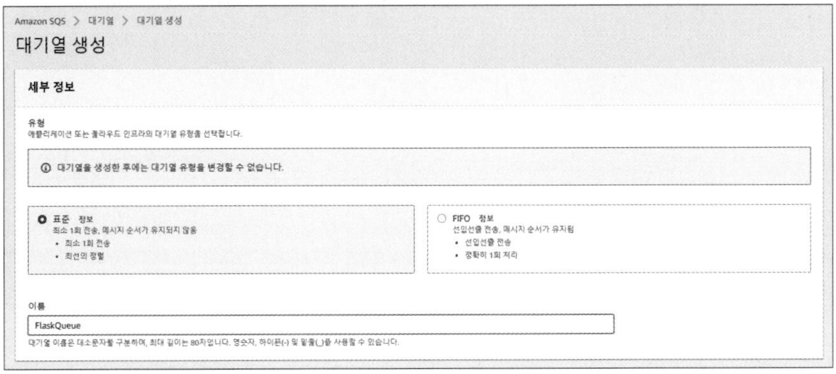

그림 2-39 AWS SQS 생성 4

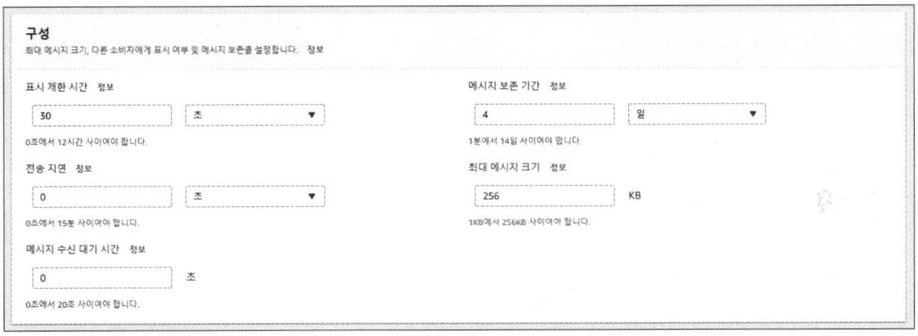

그림 2-40 AWS SQS 생성 5

'대기열로 메시지를 전송할 수 있는 사용자 정의'와 '대기열에서 메시지를 수신할 수 있는 사용자 정의' 둘 다 [지정된 AWS 계정, IAM 사용자 및 역할만] 라디오 버튼을 클릭합니다. 그 뒤에 아까 복사했던 사용자 ARN을 입력합니다. 이제 모든 설정이 끝났습니다. 맨 아래쪽에서 [대기열 생성] 버튼을 찾아 클릭합니다.

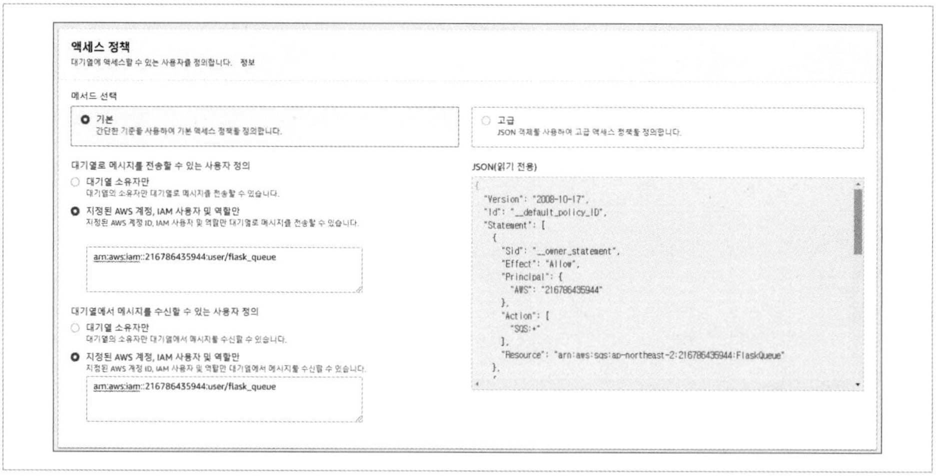

그림 2-41 AWS SQS 생성 6

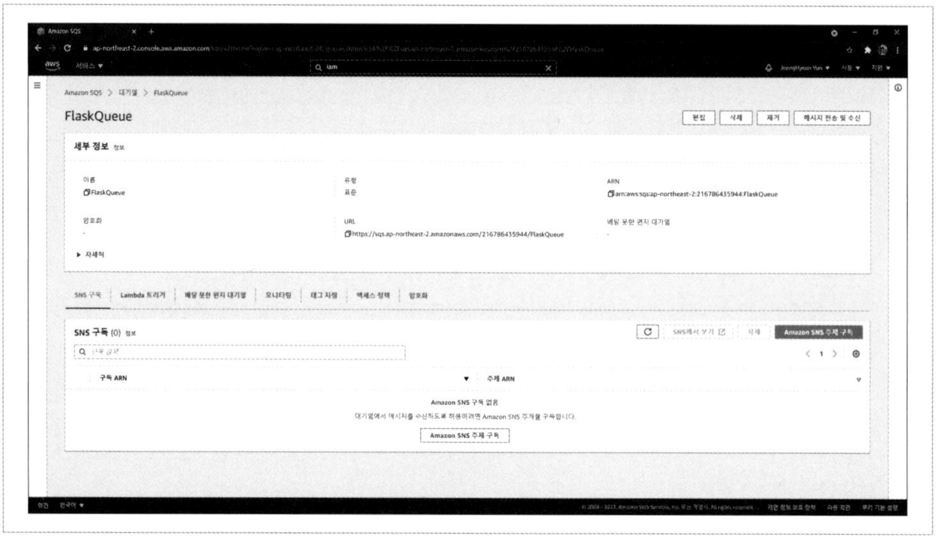

그림 2-42 AWS SQS 생성 7

다음과 같은 명령어로 설치를 진행합니다. 이 책에서 사용하는 파이썬 버전은 3.9.2로 셀러리
를 설치할 때는 5.0 버전이 설치됩니다.

```
pip install celery
```

AWS를 사용하기 때문에 AWS 패키지도 설치합니다.

```
pip install boto3
```

apps/common/tasks.py 파일을 생성합니다.

```
apps/common/tasks.py
from urllib.parse import quote_plus
from celery import Celery

app = Celery('tasks', broker='sqs://{}:{}@'.format('ACCESS_KEY',
                                                   quote_plus('SECRET_KEY')))

@app.task
def hello():
    sleep(1)
    return 'hello world'
```

셀러리를 사용하기 위해 Celery 객체를 선언하는데 첫 번째 인자로는 현재 파일명이 들어갑니다. task들이 __main__ 모듈에서 정의될 때 이름이 자동 생성될 때만 필요합니다. 비밀키와 같은 경우에는 특수문자가 들어가서 quote_plus로 다른 값으로 치환합니다.

```
app = Celery('tasks', broker='sqs://{}:{}@'.format('ACCESS_KEY',
                                                   quote_plus('SECRET_KEY')))
```

```
@app.task
def hello():
    sleep(1)
    return 'hello world'
```

hello 태스크를 호출해 delay로 실행합니다.

```
apps/controllers/test/controllers.py
@app.route('', methods=['GET'])
def get_tests():
    tests = Test.query.all()
```

```
hello.delay()
return render_template('test/test.html', tests=tests)
```

브로커만 구축된 상태입니다. 셀러리도 켜줍니다. celery -A apps.common.tasks worker --loglevel=info 명령어를 실행합니다.

```
(venv) C:\Users\wyun1\flask>celery -A apps.common.tasks worker --loglevel=info

 -------------- celery@DESKTOP-8RRVI3H v5.0.5 (singularity)
--- ***** -----
-- ******* ---- Windows-10-10.0.19041-SP0 2021-04-02 19:58:26
- *** --- * ---
- ** ---------- [config]
- ** ---------- .> app:         tasks:0x2615071c640
- ** ---------- .> transport:   sqs://AKIATE6L2P5UMLPGWLHR:**@localhost//
- ** ---------- .> results:     disabled://
- *** --- * --- .> concurrency: 8 (prefork)
-- ******* ---- .> task events: OFF (enable -E to monitor tasks in this worker)
--- ***** -----
 -------------- [queues]
                .> celery           exchange=celery(direct) key=celery


[tasks]
  . apps.common.tasks.hello

[2021-04-02 19:58:27,263: INFO/SpawnPoolWorker-4] child process 3656 calling self.run()
[2021-04-02 19:58:27,271: INFO/SpawnPoolWorker-3] child process 5932 calling self.run()
[2021-04-02 19:58:27,271: INFO/SpawnPoolWorker-1] child process 17092 calling self.run()
[2021-04-02 19:58:27,271: INFO/SpawnPoolWorker-2] child process 12184 calling self.run()
[2021-04-02 19:58:27,272: INFO/SpawnPoolWorker-6] child process 5980 calling self.run()
[2021-04-02 19:58:27,279: INFO/SpawnPoolWorker-7] child process 10152 calling self.run()
[2021-04-02 19:58:27,282: INFO/SpawnPoolWorker-8] child process 300 calling self.run()
[2021-04-02 19:58:27,293: INFO/SpawnPoolWorker-5] child process 17032 calling self.run()
[2021-04-02 19:58:28,012: INFO/SpawnPoolWorker-9] child process 5316 calling self.run()
[2021-04-02 19:58:28,456: INFO/MainProcess] Connected to sqs://AKIATE6L2P5UMLPGWLHR:**@
localhost//
[2021-04-02 19:58:29,575: INFO/MainProcess] celery@DESKTOP-8RRVI3H ready.
```

다음은 셀러리를 실행한 결과를 나타내는 화면입니다.

그림 2-43 셀러리 작동 확인

/test API를 실행시켜봤습니다. 크롬 개발자 도구를 사용해서 네트워크를 측정한 결과 242ms가 걸렸습니다. sleep은 워커에서 처리된 것을 확인할 수 있습니다.

Name	Status	Type	Initiator	Size	Time	Waterfall
test	200	document	Other	974 B	242 ms	
style.css	200	stylesheet	test	316 B	56 ms	
bootstrap.min.css	200	stylesheet	test	162 kB	316 ms	
jquery.min.js	200	script	test	89.8 kB	319 ms	
popper.min.js	200	script	test	18.9 kB	319 ms	
bootstrap.min.js	200	script	test	63.8 kB	326 ms	
favicon.ico	200	vnd.microso...	Other	105 kB	300 ms	

그림 2-44 셀러리 작동 확인

2.4.2 RxPY를 이용한 비동기 구현

RxPY를 이해하기에 앞서 반응형 프로그래밍reactive programming 개념부터 살펴보고 가겠습니다. 반응형 프로그래밍은 Rx가 아닙니다. Rx는 반응형 프로그래밍을 가능하게 해주는 API입니다. 그렇기에 반응형 프로그래밍이 무엇인지 먼저 이해해야 합니다.

> **TIP**
>
> 반응형 프로그래밍이란 데이터 스트림과 변화 전파에 중점을 둔 선언적 프로그래밍 패러다임입니다.
>
> – 위키피디아 –

여기서 변화 전파는 데이터가 변경될 때마다 이벤트를 발생시켜 데이터를 계속 전달하는 것을 말합니다.

위키피디아 설명을 더 살펴보자면 명령형 프로그래밍imperative programming에서는 a = b + c를 실행하면 a에 b + c의 결괏값이 할당되고 b, c의 값이 변해도 a의 값은 변하지 않습니다. 하지만 반응형 프로그래밍에서는 b와 c의 값이 변할 때 a = b + c 연산을 하지 않고도 a의 값을 변경합니다.

그럼 Rx는 무엇일까요? Rx는 ReactiveX 또는 Reactive Extensions을 가리키는 용어로, 관찰 가능한 절차를 사용해 비동기 및 이벤트 기반 프로그램을 구성하는 라이브러리입니다. Rx는 앞에서 API라고 했습니다. 그렇기에 많은 언어가 Rx를 지원합니다.

- RxPY
- RxJava
- RxJS
- RxSwift

RxPY는 반응형 프로그래밍을 하기 위한 Rx의 파이썬 라이브러리입니다. RxPY는 옵저버블observable 객체를 중심으로 한 API를 제공합니다. 상태 변경에 해당하는 이벤트를 발생, 전파시키는 스트림으로서 on_next(), on_complete(), on_error() 함수를 제공합니다.

- on_next(): 새로운 이벤트를 받았을 때 호출됩니다.
- on_complete(): 작업을 완료했을 때 호출됩니다.
- on_error(): 에러가 났을 때 호출됩니다. 에러 발생 시 on_next()와 on_complete()는 더 이상 호출되지 않습니다.

그럼 이제 제대로 RxPY를 사용해보겠습니다. 다음과 같은 명령어를 실행하여 RxPY v3.x를 설치합니다.

```
pip install rx
```

파이썬 2버전에서는 1.6.1 버전을 사용합니다.

```
pip install rx==1.6.1
```

지금부터 공식 문서 코드를 설명하겠습니다. 코드는 직접 작성해야 합니다.

```python
apps/controllers/rx/controllers.py
# -*- coding: utf-8 -*-
from rx import create
from flask import Blueprint

from apps.common.response import ok

app = Blueprint('rx', __name__, url_prefix='/rx')


@app.route('', methods=['GET'])
def index():
    def push_five_strings(observer, scheduler):
        observer.on_next("Alpha")
        observer.on_next("Beta")
        observer.on_next("Gamma")
        observer.on_next("Delta")
        observer.on_next("Epsilon")
        observer.on_completed()

    source = create(push_five_strings)
    source.subscribe(
        on_next=lambda i: print("Received {0}".format(i)),
        on_error=lambda e: print("Error Occurred: {0}".format(e)),
        on_completed=lambda: print("Done!"),
    )
    return ok()
```

```
def push_five_strings(observer, scheduler):
    observer.on_next("Alpha")
    observer.on_next("Beta")
    observer.on_next("Gamma")
    observer.on_next("Delta")
    observer.on_next("Epsilon")
    observer.on_completed()

source = create(push_five_strings)
```

push_five_strings라는 옵저버블을 만들었습니다. 기본 인자로 observer, scheduler를 받습니다. 그런데 scheduler는 사용하지 않아 의문이 들 수 있습니다. 이는 비동기를 위한 인자로 다음에 설명하겠습니다. 옵저버블을 만들어도 아직은 작동하지 않습니다. 구독을 하지 않았기 때문입니다.

옵저버블은 subscribe( ) 함수를 실행함으로써 observer에게 알림을 보냅니다. 이때 잘 작동하는 것을 볼 수 있습니다.

```
Received Alpha
Received Beta
Received Gamma
Received Delta
Received Epsilon
Done!
```

다음과 같이 of로 요약할 수 있습니다.

```
apps/controllers/rx/controllers.py
@app.route('', methods=['GET'])
def index():
    source = of("Alpha", "Beta", "Gamma", "Delta", "Epsilon")
    source.subscribe(
        on_next=lambda i: print("Received {0}".format(i)),
        on_error=lambda e: print("Error Occurred: {0}".format(e)),
        on_completed=lambda: print("Done!"),
    )
    return ok()
```

on_error, on_completed를 무시하고 요약할 수도 있습니다.

```
apps/controllers/rx/controllers.py
@app.route('', methods=['GET'])
def index():
    source = of("Alpha", "Beta", "Gamma", "Delta", "Epsilon")
    source.subscribe(lambda value: print("Received {0}".format(value)))
    return ok()
```

RxPY는 다양한 오퍼레이터를 제공해 데이터를 쉽게 변경하도록 만들어줍니다. 이번에는 .map()과 .filter() 오퍼레이터로 길이가 다섯 글자 이상인 문자열의 길이를 출력하는 프로그램을 작성해봅니다.

```
apps/controllers/rx/controllers.py
@app.route('', methods=['GET'])
def index():
    source = of("Alpha", "Beta", "Gamma", "Delta", "Epsilon")
    composed = source.pipe(
        op.map(lambda s: len(s)),
        op.filter(lambda i: i >= 5)
    )
    composed.subscribe(lambda value: print("Received {0}".format(value)))
    return ok()
```

pipe() 함수로 .map()과 .filter() 오퍼레이터를 순차 실행합니다. 내부를 보면 source.pipe(h, g, f) == f(g(h(source)))와 같이 작동합니다. .map() 오퍼레이터로 문자열을 길이로 변환했고 .filter() 오퍼레이터로 길이를 걸러냈습니다. 4글자인 'Beta' 문자열은 출력되지 않았습니다.

더 많은 오퍼레이터는 소개 링크[6]를 참고해주세요.

```
Received 5
Received 5
Received 5
Received 7
```

---

6 http://reactivex.io/documentation/ko/operators.html

드디어 RxPY를 활용한 비동기를 알려드릴 차례입니다. 동시성을 위해 subscribe_on( )과 observe_on( )을 사용합니다. 두 작업 모두 각 구독에 대한 스레드로 Scheduler가 필요합니다. ThreadPoolScheduler는 재사용 가능한 작업자 스레드 풀을 만드는 좋은 선택이 될 수 있습니다.

```
apps/controllers/rx/controllers.py
# -*- coding: utf-8 -*-
import multiprocessing
import random
import time
from threading import current_thread

import rx
from rx.scheduler import ThreadPoolScheduler
from rx import operators as ops
from flask import Blueprint

from apps.common.response import ok

app = Blueprint('rx', __name__, url_prefix='/rx')


@app.route('', methods=['GET'])
def index():
    def intense_calculation(value):
        # 0.5초~2.0초 사이의 짧은 랜덤값은 긴 연산을 시뮬레이션하기 위한 sleep 값입니다.
        time.sleep(random.randint(5, 20) * 0.1)
        return value

# CPU의 개수를 계산하고 스레드의 개수와 함께 ThreadPoolScheduler를 만듭니다.
    optimal_thread_count = multiprocessing.cpu_count()
    pool_scheduler = ThreadPoolScheduler(optimal_thread_count)

    # 프로세스 1 생성
    rx.of("Alpha", "Beta", "Gamma", "Delta", "Epsilon").pipe(
        ops.map(lambda s: intense_calculation(s)), ops.subscribe_on(pool_scheduler)
    ).subscribe(
        on_next=lambda s: print("PROCESS 1: {0} {1}".format(current_thread().name, s)),
        on_error=lambda e: print(e),
        on_completed=lambda: print("PROCESS 1 done!"),
    )
```

```
# 프로세스 2 생성
rx.range(1, 10).pipe(
    ops.map(lambda s: intense_calculation(s)), ops.subscribe_on(pool_scheduler)
).subscribe(
    on_next=lambda i: print("PROCESS 2: {0} {1}".format(current_thread().name, i)),
    on_error=lambda e: print(e),
    on_completed=lambda: print("PROCESS 2 done!"),
)

# 무한루프 프로세스 3 생성
rx.interval(1).pipe(
    ops.map(lambda i: i * 100),
    ops.observe_on(pool_scheduler),
    ops.map(lambda s: intense_calculation(s)),
).subscribe(
    on_next=lambda i: print("PROCESS 3: {0} {1}".format(current_thread().name, i)),
    on_error=lambda e: print(e),
)
return ok()
```

subscribe_on()과 observe_on()을 사용해서 멀티 스레드를 구현했습니다. subscribe_
on()은 subscribe할 때 실행되는 스레드를 지정합니다. 호출했을 때 결정된 스레드로 고정되
며 다시 호출해도 스레드는 바뀌지 않습니다.

```
PROCESS 2: ThreadPoolExecutor-0_1 1
PROCESS 1: ThreadPoolExecutor-0_0 Alpha
PROCESS 3: ThreadPoolExecutor-0_2 0
PROCESS 2: ThreadPoolExecutor-0_1 2
PROCESS 3: ThreadPoolExecutor-0_3 100
PROCESS 1: ThreadPoolExecutor-0_0 Beta
PROCESS 2: ThreadPoolExecutor-0_1 3
PROCESS 1: ThreadPoolExecutor-0_0 Gamma
PROCESS 2: ThreadPoolExecutor-0_1 4
PROCESS 1: ThreadPoolExecutor-0_0 Delta
PROCESS 2: ThreadPoolExecutor-0_1 5
PROCESS 3: ThreadPoolExecutor-0_3 200
PROCESS 2: ThreadPoolExecutor-0_1 6
PROCESS 1: ThreadPoolExecutor-0_0 Epsilon
PROCESS 1 done!
PROCESS 3: ThreadPoolExecutor-0_3 300
PROCESS 3: ThreadPoolExecutor-0_3 400
PROCESS 2: ThreadPoolExecutor-0_1 7
```

```
PROCESS 3: ThreadPoolExecutor-0_3 500
PROCESS 2: ThreadPoolExecutor-0_1 8
PROCESS 3: ThreadPoolExecutor-0_3 600
PROCESS 2: ThreadPoolExecutor-0_1 9
PROCESS 2 done!
PROCESS 3: ThreadPoolExecutor-0_3 700
PROCESS 3: ThreadPoolExecutor-0_3 800
PROCESS 3: ThreadPoolExecutor-0_3 900
PROCESS 3: ThreadPoolExecutor-0_3 1000
PROCESS 3: ThreadPoolExecutor-0_3 1100
PROCESS 3: ThreadPoolExecutor-0_3 1200
PROCESS 3: ThreadPoolExecutor-0_3 1300
```

비동기적으로 작동하는 것을 볼 수 있습니다.

플라스크로 영화 예매 사이트 만들기

1장에서는 플라스크 기초를, 2장에서는 플라스크로 애플리케이션을 만드는 방법을 배웠다면 3 장에서는 플라스크를 이용해 실제 웹사이트를 만들어봅니다. 여러 예제가 있겠지만 이 책에서 는 DB를 많이 활용할 수 있는 영화 예매 사이트 예제를 함께 익혀봅니다.

3.1 플라스크 세팅하기

빠른 실습을 위해 플라스크 영화 예매 사이트 만들기 예제를 미리 깃허브에 올려놨습니다. 일 단 git clone 명령어로 예제를 내려받습니다. 프론트엔드와 애플리케이션 틀을 미리 완성해 두었습니다. 그럼 지금부터 데이터베이스 모델 설계와 비즈니스 로직 구현에 관해 같이 고민하 고 해결해보겠습니다.

```
C:\Users\wyun1>git clone https://github.com/gureuso/flask-movie.git
```

virtualenv 명령어로 가상환경을 설정합니다. 그 뒤에 pip 명령어로 필요한 패키지들을 설치 합니다.

```
C:\Users\wyun1>cd flask-movie
C:\Users\wyun1\flask-movie>virtualenv venv
C:\Users\wyun1\flask-movie>call venv\Scripts\activate
(venv) C:\Users\wyun1\flask-movie>pip install -r requirements.txt
```

config.json을 만들고 데이터베이스 정보를 입력합니다. RDS를 쓰고 있다면 마스터 아이디와 비밀번호, 엔드포인트를 입력합니다.

```
config.json
{
    "APP_MODE": "development",
    "DB_NAME": "flask_movie",
    "DB_USER_NAME": "root",
"DB_USER_PASSWD": "password",
    "DB_HOST": "localhost",
    "TESTING": false
}
```

내려받은 예제가 정상적으로 작동되는 것을 확인합니다

```
(venv) C:\Users\wyun1\flask-movie>python manage.py runserver
 * Serving Flask app "apps.controllers.router" (lazy loading)
 * Environment: production
   WARNING: This is a development server. Do not use it in a production
deployment.
   Use a production WSGI server instead.
 * Debug mode: on
 * Restarting with stat
 * Debugger is active!
 * Debugger PIN: 142-605-975
 * Running on http://0.0.0.0:80/ (Press CTRL+C to quit)
```

마지막으로 flask_movie 데이터베이스를 직접 생성해줍니다.

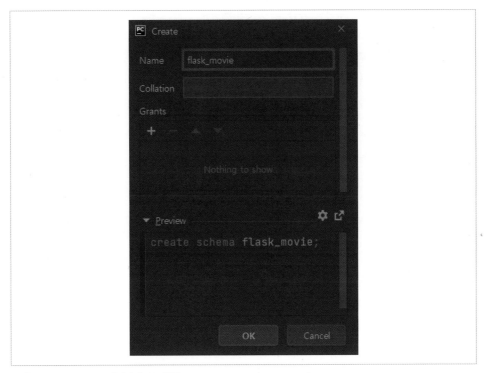

그림 3-1 flask_movie 데이터베이스 생성

다음과 같이 웹 서버가 정상적으로 작동하는 것을 확인할 수 있습니다.

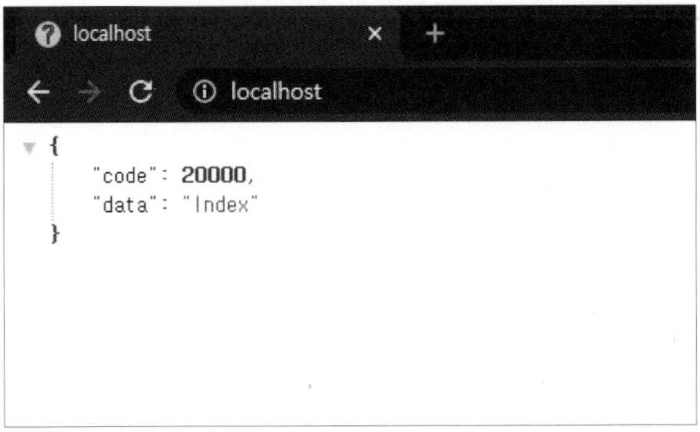

그림 3-2 웹 서버 켜짐 확인

3.2 영화 예매 데이터베이스 설계하기

로그인, 회원가입, 영화 예매, 영화 목록, 영화관 목록, 좌석 선택 등 다양한 페이지가 있습니다. 이러한 프론트 페이지를 통해 어떻게 데이터베이스를 설계해야 하는지 배워봅니다. 먼저 어떻게 설계할지 짚고 넘어가겠습니다.

- users: 유저 테이블
- movies: 영화 테이블
- cinemas: 영화관 테이블
- showtimes: 상영 시간 테이블
- theaters: 극장 테이블
- theater_tickets: 예매한 좌석 테이블

영화 예매는 기본적으로 로그인한 유저만 수행할 수 있습니다. 따라서 users 테이블이 필요합니다. 영화를 보려면 영화 목록이 있어야 하므로 movies 테이블을 만들어줍니다. 영화관도 선택해야 하니 cinemas 테이블을 만들어줍니다. 이제 여러분은 영화를 선택하고 영화관도 선택했으니 극장도 선택해야 합니다. theaters 테이블을 만들어줍니다. theater_tickets 테이블은 좌석 예매를 위해 만들어줍니다. 상영시간도 필요하므로 showtimes 테이블을 만들어줍니다.

전체적인 구조를 이해하셨나요? 그럼 프론트 페이지를 보면서 하나씩 짚어보겠습니다.

먼저 회원가입 페이지입니다. 입력값으로는 이메일, 닉네임, 나이, 비밀번호를 받습니다.

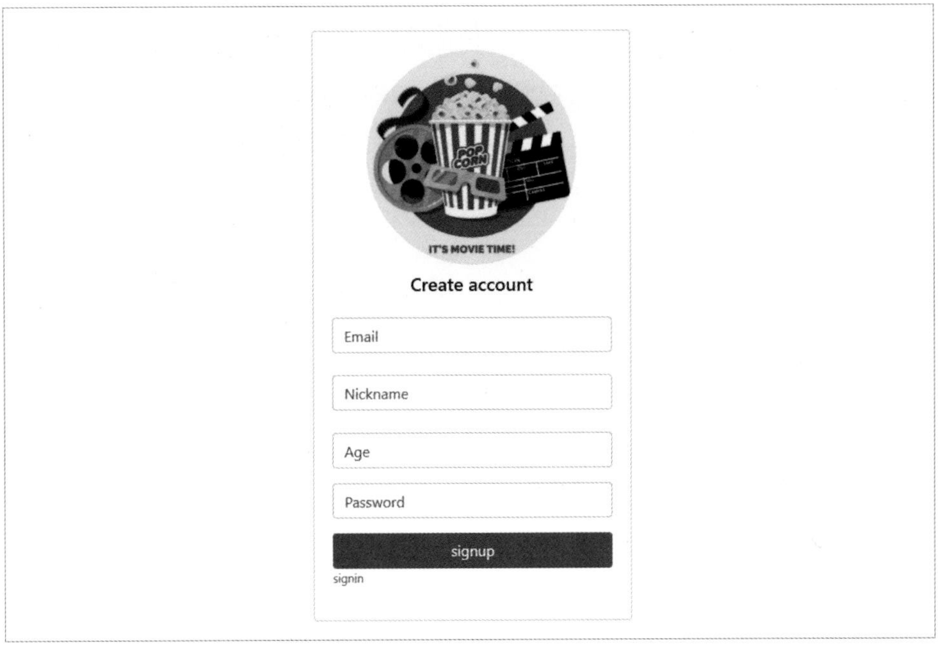

그림 3-3 회원가입 화면 예시

여기서 password는 SHA256 암호화가 되므로 길이를 넉넉하게 주었습니다. Email과 Nickname은 고유값이므로 unique=True를 주었습니다.

```
apps/database/models.py
class UserMixin:
    id = db.Column(db.Integer, primary_key=True, autoincrement=True)
    email = db.Column(db.String(120), unique=True)
    nickname = db.Column(db.String(20), unique=True)
    password = db.Column(db.String(255))
    age = db.Column(db.Integer)
```

다음은 영화 목록 페이지입니다. 보여줘야 할 정보로는 제목, 감독, 나이, 상영 시간 등이 있습니다. 그대로 데이터베이스에 적용해줍니다.

그림 3-4 영화 리스트 화면 예시

다음과 같이 영화 모델을 만들어줍니다.

```
apps/database/models.py
class MovieMixin:
    id = db.Column(db.Integer, primary_key=True, autoincrement=True)
    title = db.Column(db.String(120))
    director = db.Column(db.String(20))
    description = db.Column(db.Text)
    poster_url = db.Column(db.Text)
    running_time = db.Column(db.Integer)
    age_rating = db.Column(db.Integer)
```

영화를 선택하면 어디서 볼지 골라야 합니다. 영화관은 영화관 이름, 주소, 이미지 등이 필요합니다.

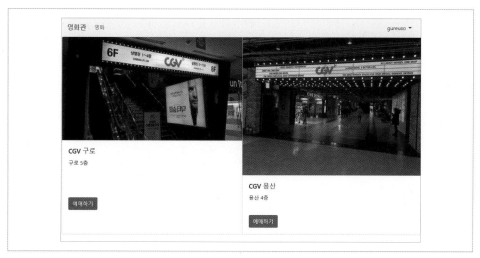

그림 3-5 영화관 화면 예시

다음과 같이 영화관 모델을 만들어줍니다.

```
apps/database/models.py
class CinemaMixin:
    id = db.Column(db.Integer, primary_key=True, autoincrement=True)
    title = db.Column(db.String(30))
    image_url = db.Column(db.Text())
    address = db.Column(db.String(50))
    detail_address = db.Column(db.String(30))
```

영화와 영화관을 선택했다면 다음으로 상영 시간과 극장을 선택해야 합니다. 상영 정보에는 영화 정보와 시간, 남은 좌석 수 등의 정보가 필요합니다. 따라서 해당 테이블은 영화와 영화관, 극장 정보를 가지고 있어야 합니다. 테이블명은 showtimes로 지었습니다.

그림 3-6 영화 상영시간표 화면 예시

다음과 같이 상영시간표 모델을 만들어줍니다.

```
apps/database/models.py
class ShowtimeMixin:
    id = db.Column(db.Integer, primary_key=True, autoincrement=True)
    start_time = db.Column(db.DateTime)
    end_time = db.Column(db.DateTime)

class ShowtimeModel(ShowtimeMixin, db.Model):
    __tablename__ = 'showtimes'

    test_model = TestShowtimeModel

    cinema_id = db.Column(db.Integer, db.ForeignKey('cinemas.id'))
    movie_id = db.Column(db.Integer, db.ForeignKey('movies.id'))
    theater_id = db.Column(db.Integer, db.ForeignKey('theaters.id'))

    theater = db.relationship('TheaterModel', backref='showtimes')

Showtime = get_model(ShowtimeModel)
```

극장에는 여러 개의 좌석이 있습니다. 이때 어느 좌석은 이미 예매가 끝났고 어느 좌석은 아직 남아 있는 상황이 생깁니다. 따라서 극장과 극장 좌석 테이블이 필요합니다. theater와 theater_tickets 테이블을 만들어줍니다.

그림 3-7 영화 좌석 예매 화면 예시

다음과 같이 극장 모델을 만들어줍니다.

```
apps/database/models.py
class TheaterMixin:
    id = db.Column(db.Integer, primary_key=True, autoincrement=True)
    title = db.Column(db.String(10))
    seat = db.Column(db.Integer())


class TheaterModel(TheaterMixin, db.Model):
    __tablename__ = 'theaters'

    test_model = TestTheaterModel

    cinema_id = db.Column(db.Integer(), db.ForeignKey('cinemas.id'))

    theater_tickets = db.relationship('TheaterTicketModel', backref='theater')

Theater = get_model(TheaterModel)
```

극장은 영화관에 종속되므로 cinema_id를 가집니다. 그리고 전체 좌석 수를 지정해서 추후 몇
자리가 남았는지 theater_tickets를 이용해 구현해보겠습니다.

극장은 시간의 흐름에 따라 움직입니다. 예를 들어 2시부터 4시까지 상영하는 영화라면 그 전에 좌석을 예매할 수 있어야 합니다. 따라서 showtimes.id를 가집니다. 좌석은 열과 행인 x, y로 지정했습니다.

```python
apps/database/models.py
class TheaterTicketMixin:
    id = db.Column(db.Integer, primary_key=True, autoincrement=True)
    x = db.Column(db.Integer())
    y = db.Column(db.Integer())


class TheaterTicketModel(TheaterTicketMixin, db.Model):
    __tablename__ = 'theater_tickets'

    test_model = TestTheaterTicketModel

    showtime_id = db.Column(db.Integer(), db.ForeignKey('showtimes.id'))
    theater_id = db.Column(db.Integer(), db.ForeignKey('theaters.id'))


TheaterTicket = get_model(TheaterTicketModel)
```

다음은 전체 코드입니다. 테스트 테이블도 같이 만들어야 하므로 Mixin 방식이 어색할 수도 있습니다. 같은 정보는 Mixin으로 빼서 상속받아 사용하면 편합니다.

```python
apps/database/models.py
# -*- coding: utf-8 -*-
import flask_login

from apps.database.session import db, login_manager
from config import JsonConfig


def get_model(model):
    if JsonConfig.get_data('TESTING'):
        return model.test_model
    return model


class TestMixin:
```

```python
    id = db.Column(db.Integer, primary_key=True, autoincrement=True)
    message = db.Column(db.String(120))


class TestTestModel(TestMixin, db.Model):
    __tablename__ = 'test_tests'


class TestModel(TestMixin, db.Model):
    __tablename__ = 'tests'

    test_model = TestTestModel


Test = get_model(TestModel)


class CinemaMixin:
    id = db.Column(db.Integer, primary_key=True, autoincrement=True)
    title = db.Column(db.String(30))
    image_url = db.Column(db.Text())
    address = db.Column(db.String(50))
    detail_address = db.Column(db.String(30))


class TestCinemaModel(CinemaMixin, db.Model):
    __tablename__ = 'test_cinemas'


class CinemaModel(CinemaMixin, db.Model):
    __tablename__ = 'cinemas'

    test_model = TestCinemaModel


Cinema = get_model(CinemaModel)


class MovieMixin:
    id = db.Column(db.Integer, primary_key=True, autoincrement=True)
    title = db.Column(db.String(120))
    director = db.Column(db.String(20))
    description = db.Column(db.Text)
    poster_url = db.Column(db.Text)
```

```python
    running_time = db.Column(db.Integer)
    age_rating = db.Column(db.Integer)


class TestMovieModel(MovieMixin, db.Model):
    __tablename__ = 'test_movies'

    showtimes = db.relationship('TestShowtimeModel', backref='movie', order_
by='TestShowtimeModel.start_time')


class MovieModel(MovieMixin, db.Model):
    __tablename__ = 'movies'

    test_model = TestMovieModel

    showtimes = db.relationship('ShowtimeModel', backref='movie', order_
by='ShowtimeModel.start_time')


Movie = get_model(MovieModel)


class ShowtimeMixin:
    id = db.Column(db.Integer, primary_key=True, autoincrement=True)
    start_time = db.Column(db.DateTime)
    end_time = db.Column(db.DateTime)


class TestShowtimeModel(ShowtimeMixin, db.Model):
    __tablename__ = 'test_showtimes'

    cinema_id = db.Column(db.Integer, db.ForeignKey('test_cinemas.id'))
    movie_id = db.Column(db.Integer, db.ForeignKey('test_movies.id'))
    theater_id = db.Column(db.Integer, db.ForeignKey('test_theaters.id'))

    theater = db.relationship('TestTheaterModel', backref='showtimes')


class ShowtimeModel(ShowtimeMixin, db.Model):
    __tablename__ = 'showtimes'

    test_model = TestShowtimeModel
```

```python
    cinema_id = db.Column(db.Integer, db.ForeignKey('cinemas.id'))
    movie_id = db.Column(db.Integer, db.ForeignKey('movies.id'))
    theater_id = db.Column(db.Integer, db.ForeignKey('theaters.id'))

    theater = db.relationship('TheaterModel', backref='showtimes')


Showtime = get_model(ShowtimeModel)


class TheaterTicketMixin:
    id = db.Column(db.Integer, primary_key=True, autoincrement=True)
    x = db.Column(db.Integer())
    y = db.Column(db.Integer())


class TestTheaterTicketModel(TheaterTicketMixin, db.Model):
    __tablename__ = 'test_theater_tickets'

    showtime_id = db.Column(db.Integer(), db.ForeignKey('test_showtimes.id'))
    theater_id = db.Column(db.Integer(), db.ForeignKey('test_theaters.id'))


class TheaterTicketModel(TheaterTicketMixin, db.Model):
    __tablename__ = 'theater_tickets'

    test_model = TestTheaterTicketModel

    showtime_id = db.Column(db.Integer(), db.ForeignKey('showtimes.id'))
    theater_id = db.Column(db.Integer(), db.ForeignKey('theaters.id'))


TheaterTicket = get_model(TheaterTicketModel)


class TheaterMixin:
    id = db.Column(db.Integer, primary_key=True, autoincrement=True)
    title = db.Column(db.String(10))
    seat = db.Column(db.Integer())


class TestTheaterModel(TheaterMixin, db.Model):
    __tablename__ = 'test_theaters'
```

```python
    cinema_id = db.Column(db.Integer(), db.ForeignKey('test_cinemas.id'))

    theater_tickets = db.relationship('TestTheaterTicketModel', backref='theater')


class TheaterModel(TheaterMixin, db.Model):
    __tablename__ = 'theaters'

    test_model = TestTheaterModel

    cinema_id = db.Column(db.Integer(), db.ForeignKey('cinemas.id'))

    theater_tickets = db.relationship('TheaterTicketModel', backref='theater')


Theater = get_model(TheaterModel)


class UserMixin:
    id = db.Column(db.Integer, primary_key=True, autoincrement=True)
    email = db.Column(db.String(120), unique=True)
    nickname = db.Column(db.String(20), unique=True)
    password = db.Column(db.String(255))
    age = db.Column(db.Integer)


class TestUserModel(UserMixin, db.Model):
    __tablename__ = 'test_users'


class UserModel(UserMixin, flask_login.UserMixin, db.Model):
    __tablename__ = 'users'

    test_model = TestUserModel


User = get_model(UserModel)


@login_manager.user_loader
def member_loader(user_id):
    return User.query.filter(User.id == user_id).first()
```

데이터베이스 설계가 끝났으면 migrate로 테이블 마이그레이션 파일을 만들어주고 upgrade로 실제 데이터베이스에 적용합니다.

```
(venv) C:\Users\wyun1\flask-movie>python manage.py db migrate
INFO  [alembic.runtime.migration] Context impl MySQLImpl.
INFO  [alembic.runtime.migration] Will assume non-transactional DDL.
INFO  [alembic.autogenerate.compare] Detected added table 'cinemas'
INFO  [alembic.autogenerate.compare] Detected added table 'movies'
INFO  [alembic.autogenerate.compare] Detected added table 'test_cinemas'
INFO  [alembic.autogenerate.compare] Detected added table 'test_movies'
INFO  [alembic.autogenerate.compare] Detected added table 'test_tests'
INFO  [alembic.autogenerate.compare] Detected added table 'test_users'
INFO  [alembic.autogenerate.compare] Detected added table 'tests'
INFO  [alembic.autogenerate.compare] Detected added table 'users'
INFO  [alembic.autogenerate.compare] Detected added table 'test_theaters'
INFO  [alembic.autogenerate.compare] Detected added table 'theaters'
INFO  [alembic.autogenerate.compare] Detected added table 'showtimes'
INFO  [alembic.autogenerate.compare] Detected added table 'test_showtimes'
INFO  [alembic.autogenerate.compare] Detected added table 'test_theater_tickets'
INFO  [alembic.autogenerate.compare] Detected added table 'theater_tickets'
Generating C:\Users\wyun1\Documents\PyCharm\flask-movie\migrations\
versions\7a3cd57ceb23_.py ...   done

(venv) C:\Users\wyun1\flask-movie>python manage.py db upgrade
INFO  [alembic.runtime.migration] Context impl MySQLImpl.
INFO  [alembic.runtime.migration] Will assume non-transactional DDL.
INFO  [alembic.runtime.migration] Running upgrade  -> 7a3cd57ceb23, empty message
```

다음과 같이 데이터베이스에 테이블이 적용된 것을 볼 수 있습니다.

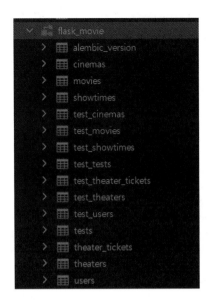

그림 3-8 테이블 생성 확인

3.3 회원가입, 로그인, 로그아웃 페이지 만들기

영화 예매를 하려면 로그인한 유저가 필요합니다. 좌석을 선택하거나 나이 제한을 확인할 때 유저 정보가 필요하기 때문입니다. 그럼 회원가입 페이지부터 시작해서 로그인, 로그아웃 순으로 만들어보겠습니다.

3.3.1 회원가입 페이지 만들기

회원가입 페이지를 만들려면 먼저 폼을 이해해야 합니다. 플라스크에서는 Form-WTF 패키지가 폼 유효성 검사를 지원합니다. 폼 유효성 검사는 데이터 필요 여부, 길이 제한, 이메일 형식 검사 등을 포함합니다.

FlaskForm 객체를 상속받아 사용하며 필드를 선언해 유형을 결정합니다. 그리고 validators에 필요한 검사 함수들을 넣을 수 있습니다. 회원가입 시에는 이메일, 비밀번호, 닉네임, 나이를 받으므로 다음 코드와 같이 선언했습니다.

```
apps/controllers/users/forms.py
# -*- coding: utf-8 -*-
from flask_wtf import FlaskForm
from wtforms import StringField, IntegerField, PasswordField
from wtforms.validators import DataRequired, Length, Email, NumberRange


class SignUpForm(FlaskForm):
    email = StringField('email', validators=[DataRequired(message='필숫값입니다.'),
Email(message='올바른 이메일 형식이 아닙니다.')])
    password = PasswordField('password', validators=[DataRequired(message='필숫값
입니다.'),
                                                     Length(max=20, message='20자
를 넘을 수 없습니다.')])
    nickname = StringField('nickname', validators=[DataRequired(message='필숫값입
니다.'),
                                                   Length(max=20, message='20자를
넘을 수 없습니다.')])
    age = IntegerField('age', validators=[DataRequired(message='필숫값입니다.'),
                                          NumberRange(min=0, max=200,
message='0~200 사이 값만 가능합니다.')])
```

이메일은 문자열 기반이고 필숫값입니다. 그리고 Email( ) 함수를 사용해서 올바른 이메일 형식인지 검사합니다.

```
email = StringField('email', validators=[DataRequired(message='필숫값입니다.'),
Email(message='올바른 이메일 형식이 아닙니다.')])
```

패스워드 타입입니다. 역시 필숫값이고 Length( ) 함수를 사용해 길이 제한을 검사합니다.

```
password = PasswordField('password', validators=[DataRequired(message='필숫값입니
다.'),
                                                 Length(max=20, message='20자
를 넘을 수 없습니다.')])
```

form을 정의했다면 컨트롤러를 코딩할 차례입니다. form은 FlaskForm 객체를 상속받았는데 validate_on_submit( ) 함수를 통해 form이 유효한지를 검사합니다. 유효한 경우 True를 리턴합니다.

```
apps/controllers/users/controllers.py
@app.route('/signup', methods=['GET', 'POST'])
@already_signin
def signup():
    form = SignUpForm()

    if form.validate_on_submit():
        email_user = User.query.filter(User.email == form.email.data).first()
        nickname_user = User.query.filter(User.nickname == form.nickname.data).
first()
        if email_user:
            if email_user.email == form.email.data:
                form.email.errors.append('이미 가입된 이메일입니다.')
        if nickname_user:
            if nickname_user.nickname == form.nickname.data:
                form.nickname.errors.append('이미 가입된 닉네임입니다.')

        if form.email.errors or form.nickname.errors:
            return render_template('users/signup.html', form=form)

        user = User(email=form.email.data, nickname=form.nickname.data, age=form.
age.data,
                        password=SHA256.encrypt(form.password.data))
        db.session.add(user)
        db.session.commit()

        login_user(user)
        return redirect(url_for('showtimes.index'))
    return render_template('users/signup.html', form=form)
```

해당 컨트롤러는 GET과 POST 메서드를 허용하는데 GET으로 요청 시 validate_on_submit( ) 함수는 Flase를 리턴하므로 맨 마지막 줄의 코드가 작동합니다. 그렇기 때문에 /users/signup 페이지를 요청하면 회원가입 페이지가 나오는 겁니다.

```
return render_template('users/signup.html', form=form)
```

POST로 요청할 때도 똑같은 원리지만 validate_on_submit( )이 True가 될 수 있습니다. 폼 유효성 검사에서 통과된 경우인데 프론트 코드를 보면 POST로 action을 보내게 되어 있습니다.

다음은 이미 가입된 이메일이나 닉네임이 있는지 찾는 코드입니다. 중복일 때는 form.label. erros에 에러를 넣어 리턴합니다.

```python
email_user = User.query.filter(User.email == form.email.data).first()
nickname_user = User.query.filter(User.nickname == form.nickname.data).first()
if email_user:
    if email_user.email == form.email.data:
        form.email.errors.append('이미 가입된 이메일입니다.')
if nickname_user:
    if nickname_user.nickname == form.nickname.data:
        form.nickname.errors.append('이미 가입된 닉네임입니다.')
```

유효성 검사가 끝나면 유저를 생성하고 로그인하게 합니다. 그리고 리다이렉션을 하는데 다음 과 같이 url_for( ) 함수를 사용하며 blueprint.function_name으로 접근합니다. 즉 로그인 을 하고 /showtimes 화면으로 이동합니다.

```python
user = User(email=form.email.data, nickname=form.nickname.data, age=form.age.data,
            password=SHA256.encrypt(form.password.data))
db.session.add(user)
db.session.commit()

login_user(user)
return redirect(url_for('showtimes.index'))
```

{{ form.label }}로 선언합니다. 에러가 있을 때는 {{ form.label.erros }}를 출력하면 됩니다. form 태그를 더 알고 싶다면 다음 링크(https://developer.mozilla.org/ko/docs/Web/HTML/Element/form)를 참고하세요. 이 책에서는 프론트 부분은 따로 설명하지 않겠 습니다.

```html
templates/users/signup.html
{% extends 'layout/base.html' %}

{% block head %}
  <title>signup</title>
```

```
{% endblock %}
{% block body %}
  <div class="container">
    <div class="row justify-content-center mt-5">
      <div class="col-lg-4">
        <div class="card">
          <div class="card-body text-center">
            <img src="/static/image/users/logo.png" class="w-75 rounded-circle">
            <h5 class="mt-2">Create account</h5>

            <form action="/users/signup" method="post">
              {{ form.hidden_tag() }}
              <div class="form-group">
                {{ form.email(class='form-control mt-4', placeholder='Email') }}
                <div class="invalid-feedback d-block text-left">
                  {{ form.email.errors[0] }}
                </div>
              </div>
              <div class="form-group">
                {{ form.nickname(class='form-control mt-4', placeholder='Nickname') }}
                <div class="invalid-feedback d-block text-left">
                  {{ form.nickname.errors[0] }}
                </div>
              </div>
              <div class="form-group">
                {{ form.age(class='form-control mt-4', placeholder='Age') }}
                <div class="invalid-feedback d-block text-left">
                  {{ form.age.errors[0] }}
                </div>
              </div>
              <div class="form-group">
                {{ form.password(class='form-control mt-3', placeholder='Password') }}
                <div class="invalid-feedback d-block text-left">
                  {{ form.password.errors[0] }}
                </div>
              </div>

              <input type="submit" value="signup" class="form-control btn btn-
primary">
            </form>
            <a class="text-left" href="/users/signin"><p class="small">signin</
p></a>
          </div>
```

```
          </div>
        </div>
      </div>
    </div>
{% endblock %}
```

그림 3-9 회원가입 폼 유효성 테스트

3.3.2 로그인 페이지 만들기

역시 form을 사용해서 만들었으며 이메일 타입과 패스워드 타입을 사용해서 구현했습니다.

```
apps/controllers/users/forms.py
# -*- coding: utf-8 -*-
from flask_wtf import FlaskForm
from wtforms import StringField, IntegerField, PasswordField
```

```
from wtforms.validators import DataRequired, Length, Email, NumberRange


class SignInForm(FlaskForm):
    email = StringField('email', validators=[DataRequired(message='필숫값입니다.'),
Email(message='올바른 이메일 형식이 아닙니다.')])
    password = PasswordField('password', validators=[DataRequired(message='필숫값
입니다.'),
                                                      Length(max=20, message='20자
를 넘을 수 없습니다.')])
```

유저가 없거나 잘못된 비밀번호가 입력되면 에러를 리턴합니다. 정상 입력되면 로그인을 허용한 뒤에 /showtimes로 페이지를 이동합니다. 앞에서 살펴본 회원가입 페이지 만들기와 큰 차이가 없어 이해하기에 어려움이 없어 보입니다.

```
apps/controllers/users/controllers.py
@app.route('/signin', methods=['GET', 'POST'])
@already_signin
def signin():
    form = SignInForm()

    if form.validate_on_submit():
        user = User.query.filter(User.email == form.email.data).first()
        if not user:
            form.email.errors.append('가입하지 않은 이메일입니다.')
            return render_template('users/signin.html', form=form)
        if user.password != SHA256.encrypt(form.password.data):
            form.password.errors.append('비밀번호가 일치하지 않습니다.')
            return render_template('users/signin.html', form=form)

        login_user(user)
        return redirect(url_for('showtimes.index'))
    return render_template('users/signin.html', form=form)
```

이때 @already_signin 데코레이터가 왜 필요한지 궁금할 수 있습니다. signin()과 signup() 함수에 데코레이터로 들어가며 이미 로그인한 유저는 회원가입 혹은 로그인을 할 수 없게 만드는 로직입니다. 코드를 살펴보면 이미 로그인한 유저는 /showtimes로 리턴하는 것을 볼 수 있습니다.

```
@already_signin

def already_signin(func):
    @wraps(func)
    def wrapper(*args, **kwargs):
        if current_user.is_authenticated:
            return redirect(url_for('showtimes.index'))
        return func(*args, **kwargs)
    return wrapper
```

올바르지 않은 값을 넣어보니 폼 유효성 검사가 잘 작동합니다.

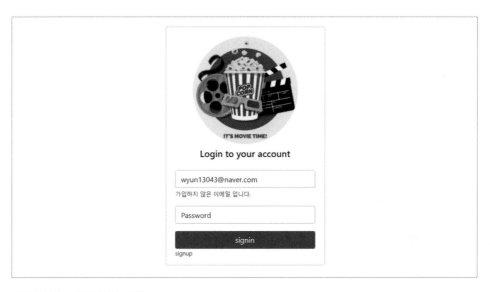

그림 3-10 로그인 폼 유효성 확인

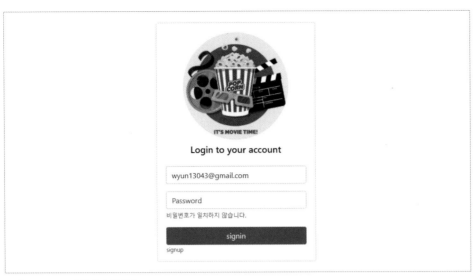

그림 3-11 로그인 폼 유효성 확인 2

3.3.3 로그아웃 페이지 만들기

flask_login 패키지를 사용해서 유저 세션을 관리합니다. login_user() 함수로 로그인을, logout_user() 함수로 로그아웃을 하는 모습을 볼 수 있습니다.

```
apps/controllers/users/controllers.py
from flask_login import login_user, logout_user


@app.route('signout', methods=['GET'])
def signout():
    logout_user()
    return redirect(url_for('users.signin'))
```

3.4 영화 목록 페이지 만들기

영화를 보기 위해 회원가입을 한 뒤에 살펴보는 페이지가 무엇일까요? 바로 영화 목록 페이지
입니다. 실제로 CGV도 다음과 같이 영화를 먼저 선택하게 되어 있습니다.

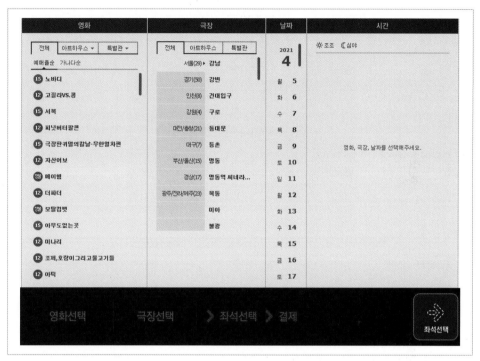

그림 3-12 CGV 영화 예매 페이지

코드를 살펴보겠습니다.

```
apps/controllers/movies/controllers.py
# -*- coding: utf-8 -*-
from flask import Blueprint, render_template

from apps.common.auth import signin_required
from apps.database.models import Movie

app = Blueprint('movies', __name__, url_prefix='/movies')
```

```
@app.route('', methods=['GET'])
@signin_required
def index():
    movies = Movie.query.all()
    return render_template('movies/index.html', movies=movies)
```

이 코드에서 render_template() 함수는 변수명=변숫값을 통해 값을 넘겨줄 수 있고 Jinja2 문법을 사용해 접근할 수 있습니다.

다음은 Jinja2 문법을 사용해 렌더링한 코드입니다. movies 변수를 movie 변수로 순회하면서 값을 뿌려줬습니다. 하지만 아직 데이터베이스에 데이터가 없기 때문에 /movies로 접근해봐도 아무것도 출력되지 않습니다.

```
templates/movies/index.html
{% extends 'layout/base.html' %}

{% block head %}
  <title>movies</title>
{% endblock %}

{% block body %}
  <div class="container">
    {% include('layout/nav.html') %}
    <div class="card-group">
      {% for movie in movies %}
        <div class="card" style="">
          <img class="card-img-top" src="{{ movie.poster_url }}" alt="Card image cap">
          <div class="card-body">
            <h5 class="card-title">{{ movie.title }}</h5>
            <p class="card-text">{{ movie.description }}</p>
          </div>
          <ul class="list-group list-group-flush">
            <li class="list-group-item">감독: {{ movie.director }}</li>
            <li class="list-group-item">상영 시간: {{ movie.running_time }}분</li>
            <li class="list-group-item">상영 등급: {{ movie.age_rating }}세 이용가</li>
          </ul>
          <div class="card-body">
```

```
            <a href="{{ url_for('cinemas.index', movie_id=movie.id) }}"
class="card-link btn btn-primary">예매하기</a>
          </div>
        </div>
      {% endfor %}
    </div>
  </div>
{% endblock %}

{% for movie in movies %}

<li class="list-group-item">감독: {{ movie.director }}</li>
<li class="list-group-item">상영 시간: {{ movie.running_time }}분</li>
<li class="list-group-item">상영 등급: {{ movie.age_rating }}세 이용가</li>
```

다음과 같이 직접 SQL문을 실행시켜 값을 넣겠습니다.

```
INSERT INTO movies(title, director, description, poster_url, running_time, age_
rating)
VALUE ("#살아있다", "조일형",
        "원인불명 증세의 사람들의 공격에 통제 불능에 빠진 도시.영문도 모른 채 잠에
서 깬 '준우'(유아인)는 아무도 없는 집에 혼자 고립된 것을 알게 된다.데이터, 와이파
이, 문자, 전화 모든 것이 끊긴 채 고립된 상황.연락이 두절된 가족에 이어 최소한의 식
량마저 바닥이 나자 더 이상 버티기 힘들어진 '준우'.하지만 그 순간 건너편 아파트에서
누군가 시그널을 보내온다.또 다른 생존자 '유빈'(박신혜)이 아직 살아있음을 알게 된 '
준우'는함께 살아남기 위한 방법을 찾아 나서는데...!꼭 살아남아야 한다",
        "/static/image/movies/movie01.png", 99, 15);

INSERT INTO movies(title, director, description, poster_url, running_time, age_
rating)
VALUE ("극장판 귀멸의 칼날: 무한열차편", "소토자키 하루오",
        "혈귀로 변해버린 여동생 '네즈코'를 인간으로 되돌릴 단서를 찾아 비밀조직 귀살
대에 들어간 '탄지로.''젠이츠', '이노스케'와 새로운 임무 수행을 위해 무한열차에 탑
승 후귀살대 최강 검사 염주 '렌고쿠'와 합류한다. 달리는 무한열차에서 승객들이 하나
둘 흔적 없이 사라지자숨어있는 식인 혈귀의 존재를 직감하는 '렌고쿠'. 귀살대 '탄지
로' 일행과 최강 검사 염주 '렌고쿠'는어둠 속을 달리는 무한열차에서 모두의 목숨을 구
하기 위해예측불가능한 능력을 가진 혈귀와 목숨을 건 혈전을 시작하는데…",
        "/static/image/movies/movie02.png", 117, 15);

INSERT INTO movies(title, director, description, poster_url, running_time, age_
rating)
VALUE ("삼진그룹 영어토익반", "이종필",
```

"《삼진그룹 영어토익반》은 2020년에 개봉한 대한민국의 영화이다. 이종필 감독이 연출하고 고아성, 이솜, 박혜수가 출연했다. 1995년을 배경으로 다니는 회사의 폐수 유출 사건을 목격하고 이를 고발하기 위해 움직이는 여성 말단 사원들의 이야기를 다루었다.",
```
"/static/image/movies/movie03.png", 113, 12);
```

MySQL 툴을 사용해서 데이터베이스에 접속해 명령어를 입력합니다. 필자는 파이참에 들어 있는 데이터베이스 접속 툴로 접근했습니다. 파이참을 사용하지 않는 분들은 MySQL Workbench 툴[1]을 추천합니다.

데이터베이스에 데이터가 정상적으로 들어갔다면 다음과 같은 화면을 볼 수 있습니다.

그림 3-13 영화 리스트 페이지

---

1 https://dev.mysql.com/downloads/workbench/

그림 3-14 영화 리스트 페이지 2

3.5 영화관 목록 페이지 만들기

영화를 선택했다면 그 다음에는 무엇을 해야 할까요? 영화관을 선택할 차례입니다.

```
apps/controllers/cinemas/controllers.py
# -*- coding: utf-8 -*-
from flask import Blueprint, render_template, request

from apps.common.auth import signin_required
from apps.database.models import Cinema

app = Blueprint('cinemas', __name__, url_prefix='/cinemas')

@app.route('', methods=['GET'])
@signin_required
def index():
    data = request.args
    movie_id = data.get('movie_id')

    cinemas = Cinema.query.all()
```

```
    return render_template('cinemas/index.html', cinemas=cinemas, movie_id=movie_
id)

cinemas = Cinema.query.all()

return render_template('cinemas/index.html', cinemas=cinemas, movie_id=movie_id)
```

```
templates/cinemas/index.html
{% extends 'layout/base.html' %}

{% block head %}
  <title>cinema</title>
{% endblock %}

{% block body %}
  <div class="container">
    {% include('layout/nav.html') %}
    <div class="card-group">
      {% for cinema in cinemas %}
        <div class="card" style="">
          <img class="card-img-top" src="{{ cinema.image_url }}" alt="Card image
cap">
          <div class="card-body">
            <h5 class="card-title">{{ cinema.title }}</h5>
            <p class="card-text">{{ cinema.address }} {{ cinema.detail_address
}}</p>
          </div>
          <div class="card-body">
            <a href="{{ url_for('showtimes.index', movie_id=movie_id, cinema_
id=cinema.id) }}" class="card-link btn btn-primary">예매하기</a>
          </div>
        </div>
      {% endfor %}
    </div>
  </div>
{% endblock %}
```

/movies와 크게 다르지 않습니다. cinemas 변수를 cinema 변수로 순회하여 값을 뿌려줍니다.
여기서 중요한 것은 예매하기 버튼입니다.

```
<a href="{{ url_for('cinemas.index', movie_id=movie.id) }}" class="card-link btn
btn-primary">예매하기</a>
```

/movies에서 영화 예매를 클릭하면 /cinemas?movie_id=movie_id로 넘어갑니다. 그리고 다시 /showtimes?movie_id=movie_id&cinema_id=cinema_id로 넘어갑니다.

결국 /showtimes에서 필요하기 때문에 여러 번 거치게 되었습니다. 다음 절인 '영화 상영 시간표 페이지 만들기'에서 상세히 다루겠습니다.

```
<a href="{{ url_for('showtimes.index', movie_id=movie_id, cinema_id=cinema.id) }}"
class="card-link btn btn-primary">예매하기</a>
```

```
INSERT INTO cinemas(title, image_url, address, detail_address)
VALUE ("CGV 구로", "/static/image/cinemas/cinema01.png", "구로", "9층");
INSERT INTO cinemas(title, image_url, address, detail_address)
VALUE ("CGV 용산", "/static/image/cinemas/cinema02.png", "용산", "4층");
```

/cinemas 페이지가 잘 출력되는 것을 확인할 수 있습니다.

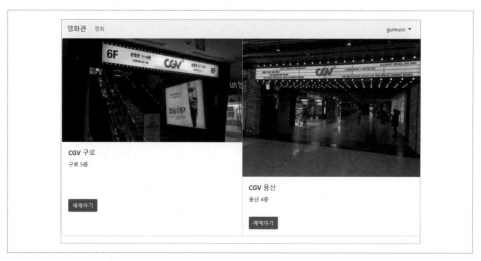

그림 3-15 영화관 리스트 페이지

3.6 영화 상영 시간표 페이지 만들기

영화 상영 시간표 페이지를 만들려면 먼저 데이터베이스 구조를 이해해야 합니다.

다음 데이터베이스를 살펴보면 showtimes 테이블에는 cinema_id, movie_id, theater_id가 있습니다. showtimes 테이블은 상영 시간표로서 영화, 영화관, 극장 정보를 가지고 있어야 하기 때문입니다.

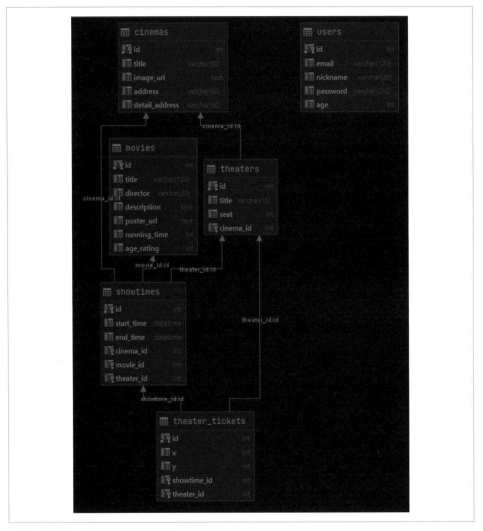

그림 3-16 영화 데이터베이스 다이어그램

다음은 전체 코드입니다.

```
apps/controllers/showtimes/controllers.py
# -*- coding: utf-8 -*-
from flask import Blueprint, render_template, request
from datetime import datetime, timedelta

from sqlalchemy import and_

from apps.common.auth import signin_required
from apps.database.models import Showtime, Movie, TheaterTicket, Theater

app = Blueprint('showtimes', __name__, url_prefix='/showtimes')


@app.route('', methods=['GET'])
@signin_required
def index():
    week = {0: 'mon', 1: 'tue', 2: 'wed', 3: 'thu', 4: 'fri', 5: 'sat', 6: 'sun'}
    week_list = []
    now = datetime.now()
    now_weekday = now.weekday()

    args = request.args
    movie_id = args.get('movie_id')
    selected_date = args.get('date', now.strftime('%Y-%m-%d'))
    selected_cinema_id = args.get('cinema_id')

    for i in range(now_weekday, now_weekday + 7):
        day = i - now_weekday
        date = now + timedelta(days=day)
        i %= 7
        week_list.append({'weekday': week[i], 'date': date.strftime('%Y-%m-%d')})

    if selected_cinema_id:
        movies = Movie.query.join(Showtime, and_(Showtime.movie_id == Movie.id,
Showtime.cinema_id == selected_cinema_id))
    else:
        movies = Movie.query.join(Showtime, Showtime.movie_id == Movie.id)
    if movie_id:
        movies = movies.filter_by(movie_id=movie_id)
    movies = movies.all()
    movie_list = []
```

```
    for movie in movies:
        showtime_list = []
        showtimes = Showtime.query.filter(Showtime.end_time < now + timedelta(days=1)).\
            filter(Showtime.movie_id == movie.id).all()
        for showtime in showtimes:
            theater_ticket_cnt = TheaterTicket.query.filter(TheaterTicket.theater_
id == showtime.theater.id).\
                filter(TheaterTicket.showtime_id == showtime.id).count()
            seat = showtime.theater.seat - theater_ticket_cnt
            showtime_list.append(dict(id=showtime.id, start_time=showtime.start_
time, end_time=showtime.end_time,
                                    theater=dict(id=showtime.theater.id,
seat=seat, title=showtime.theater.title)))
        movie_list.append(dict(id=movie.id, title=movie.title, director=movie.
director, age_rating=movie.age_rating,
                            showtimes=showtime_list))

    return render_template('showtimes/index.html', date=selected_date, cinema_
id=selected_cinema_id, movie_id=movie_id,
                            movies=movie_list, week_list=week_list, now=datetime.now())
```

복잡해 보이지만 하나씩 보면 어렵지 않습니다. 먼저 프론트를 보면서 왜 이렇게 코딩했는지 이해해 봅시다.

다음과 같이 /showtimes로 접속해보면 아무것도 나오지 않지만 요일별로 나타나는 것을 볼 수 있습니다. 여기서 특이한 점을 발견하셨나요? 오늘에 해당하는 요일부터 상영 시간표가 시작된다는 점인데요. 이미 지나간 영화 상영 시간표는 의미가 없기 때문에 이렇게 설계했습니다.

그림 3-17 영화 상영시간표 요일 확인

그럼 다시 코드를 보겠습니다.

```
apps/controllers/showtimes/controllers.py
week = {0: 'mon', 1: 'tue', 2: 'wed', 3: 'thu', 4: 'fri', 5: 'sat', 6: 'sun'}
week_list = []
now = datetime.now()
now_weekday = now.weekday()

for i in range(now_weekday, now_weekday + 7):
    day = i - now_weekday
    date = now + timedelta(days=day)
    i %= 7
    week_list.append({'weekday': week[i], 'date': date.strftime('%Y-%m-%d')})
```

이때 datetime.now() 함수는 weekday() 함수 덕분에 요일을 숫자로 알 수 있습니다.

```
now = datetime.now()
now_weekday = now.weekday()
```

다음은 오늘부터 다음주까지의 요일을 표시하는 코드입니다.

```
for i in range(now_weekday, now_weekday + 7):
    day = i - now_weekday
    date = now + timedelta(days=day)
    i %= 7
    week_list.append({'weekday': week[i], 'date': date.strftime('%Y-%m-%d')})
```

다음 코드에서는 하루씩 증가시켜 요일과 시간을 week_list에 넣습니다.

```
day = i - now_weekday
date = now + timedelta(days=day)
```

now_weekday부터 시작하므로 '오늘'에 해당하는 요일이 맨 앞에 올 수 있습니다.

```
for i in range(now_weekday, now_weekday + 7):
```

/showtimes는 두 가지 경로로 접근할 수 있습니다. 직접 /showtimes부터 접근하는 경우와 /movies 〉 /cinemas 〉 /showtimes로 접근하는 경우입니다. 첫 번째 방식으로 접근하면 cinema_id, movie_id가 없습니다. 그렇기에 모든 영화 상영 시간을 보여줍니다. 두 번째 방식으로 접근하면 cinema_id, movie_id 둘 다 있습니다.

다음 코드를 보면 알겠지만 join을 통해 해당 극장과 영화에 해당하는 movies만 보여주게 됩니다.

```
apps/controllers/showtimes/controllers.py
if selected_cinema_id:
    movies = Movie.query.join(Showtime, and_(Showtime.movie_id == Movie.id,
Showtime.cinema_id == selected_cinema_id))
else:
    movies = Movie.query.join(Showtime, Showtime.movie_id == Movie.id)
if movie_id:
    movies = movies.filter_by(movie_id=movie_id)
movies = movies.all()
```

그럼 데이터를 넣어서 잘 작동하는지 확인해보겠습니다. 현재 시간은 '2021-04-06 16:30분'입니다. 시간이 지난 데이터도 넣어보겠습니다. 프론트에서 시간이 지난 경우에는 매진으로 표시하게 되어 있습니다. 데이터를 넣을 때 날짜는 현재 날짜와 맞게 넣어줍니다.

```
INSERT INTO theaters(title, seat, cinema_id) VALUE ("9관", 100, 1);
INSERT INTO theaters(title, seat, cinema_id) VALUE ("10관", 120, 2);

INSERT INTO showtimes(start_time, end_time, cinema_id, movie_id, theater_id)
VALUE ("2021-04-06 16:00:00", "2021-04-06 18:00:00", 1, 1, 1);
INSERT INTO showtimes(start_time, end_time, cinema_id, movie_id, theater_id)
VALUE ("2021-04-06 18:00:00", "2021-04-06 20:00:00", 1, 1, 1);
INSERT INTO showtimes(start_time, end_time, cinema_id, movie_id, theater_id)
VALUE ("2021-04-06 18:00:00", "2021-04-06 20:00:00", 2, 2, 2);
```

시간이 지난 상영 시간표는 다음과 같이 '매진'으로 표시되는 것을 볼 수 있습니다.

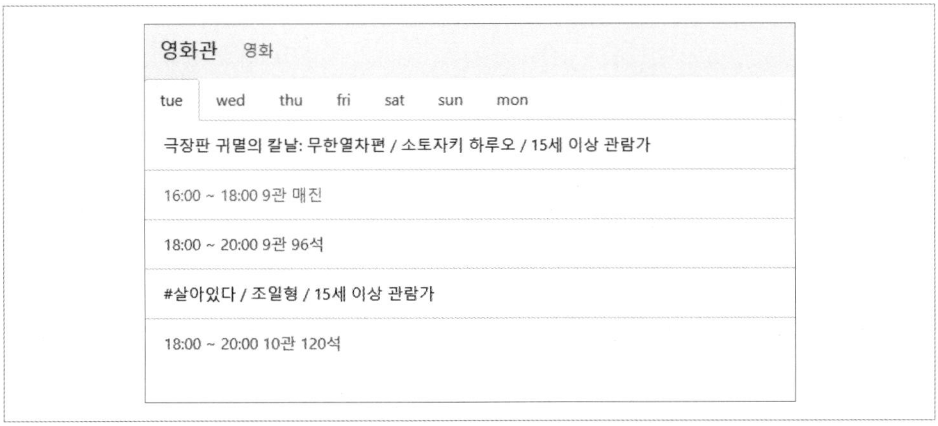
영화관 영화
tue wed thu fri sat sun mon
극장판 귀멸의 칼날: 무한열차편 / 소토자키 하루오 / 15세 이상 관람가
16:00 ~ 18:00 9관 매진
18:00 ~ 20:00 9관 96석
#살아있다 / 조일형 / 15세 이상 관람가
18:00 ~ 20:00 10관 120석

그림 3-18 영화 상영시간표 매진 확인

3.7 영화 좌석 예매 페이지 만들기

영화 선택 〉 영화관 선택 〉 극장 및 시간 선택까지 했습니다. 마지막으로 다음과 같은 좌석 예매 페이지를 만들어봅시다.

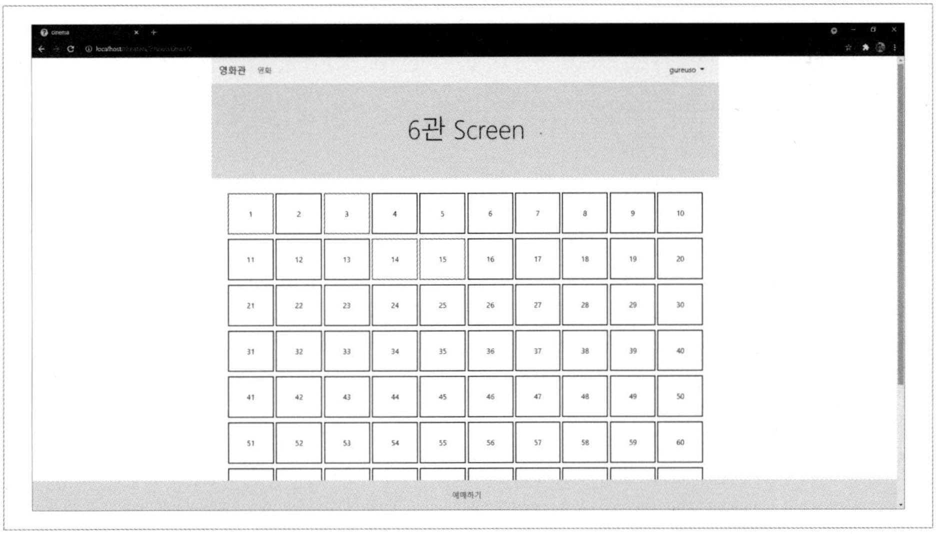
영화관 영화
gureuso
6관 Screen

그림 3-19 영화 좌석 예매 페이지

다음은 좌석 예매 페이지에 관한 코드입니다.

```
apps/controllers/theaters/controllers.py
# -*- coding: utf-8 -*-
from datetime import datetime
from flask import Blueprint, redirect, url_for, render_template
from flask_login import current_user

from apps.common.auth import signin_required
from apps.database.models import Showtime, Theater, TheaterTicket

app = Blueprint('theaters', __name__, url_prefix='/theaters')


@app.route('/<int:theater_id>/showtimes/<int:showtime_id>', methods=['GET'])
@signin_required
def detail(theater_id, showtime_id):
    showtime = Showtime.query.filter_by(id=showtime_id, theater_id=theater_id).
first()
    if showtime.start_time < datetime.now():
        return redirect(url_for('showtimes.index'))
    if showtime.movie.age_rating > current_user.age:
        return redirect(url_for('showtimes.index'))

    theater = Theater.query.filter_by(id=theater_id).first()
    theater_tickets = TheaterTicket.query.filter_by(theater_id=theater_id,
showtime_id=showtime_id).all()
    return render_template('theaters/detail.html', theater=theater, theater_
tickets=theater_tickets, showtime=showtime)
```

먼저 RESTful API를 이해해야 합니다. 해당 라우팅의 경로는 /theaters/theater_id/
showtimes/showtime_id로 이루어져 있습니다. showtimes 같은 경우에는 theaters에 종속
되므로 다음과 같이 표현했습니다.

```
@app.route('/<int:theater_id>/showtimes/<int:showtime_id>', methods=['GET'])
```

또한 다음과 같이 시간 제한과 나이 제한을 걸어서 실제 영화 서비스와 같게 만들었습니다. 만
약 시간 제한 또는 나이 제한에 걸리게 되면 /showtimes로 리턴하게 만들었습니다.

```
if showtime.start_time < datetime.now():
    return redirect(url_for('showtimes.index'))
if showtime.movie.age_rating > current_user.age:
    return redirect(url_for('showtimes.index'))
```

모든 좌석은 10칸으로 통일했습니다. x축과 y축을 data-변숫값에 저장하여 접근성을 높였습니다.

```
templates/theaters/detail.html
<div class="text-center mb-5">
  {% for seat in range(1, theater.seat+1) %}
    {% set y = seat % 10 %}
    <div class="d-inline-block seat" data-x="{{ seat }}" data-y="{{ y }}">{{seat}}</div>
    {% if y == 0 %}
      <br>
    {% endif %}
  {% endfor %}
</div>
```

이미 예약된 좌석은 빨간색 테두리를 씌워주었습니다.

```
function setSeat() {
  {% for theater_ticket in theater_tickets %}
    $("div[data-x={{ theater_ticket.x }}]div[data-y={{ theater_ticket.y }}]").
addClass("seat-danger");
  {% endfor %}
}
```

좌석을 클릭하면 이미 예약된 좌석은 선택되지 않습니다. 예약되지 않은 좌석만 파란색으로 변하는데, 다음은 파랗게 변한 좌석에 대한 데이터를 가져와 예매 API에 전송하는 코드입니다. 만약 1, 2, 3번 좌석을 선택했다면 데이터값은 1-1, 1-2, 1-3으로 전달됩니다.

```
function checkSeat() {
  let seat_list = []
  $(".seat-primary").each(function() {
    const seat = `${$(this).data("x")}-${$(this).data("y")}`;
    seat_list.push(seat)
  });
  const data = {theater_id: "{{ theater.id }}", showtime_id: "{{ showtime.id
```

```
}}", seat_list: seat_list.join(",")};
  $.ajax({
    url: "/theater_tickets",
    type: 'POST',
    data: data,
    success: function() {
      alert('예매되었습니다.');
      window.location.reload();
    },
    error(xhr) {
      swal({
        title: xhr.status,
        text: xhr.responseJSON['message']
      });
    }
  });
}
```

다음은 좌석 예매를 하는 API 코드입니다.

```
apps/controllers/theater_tickets/controllers.py
# -*- coding: utf-8 -*-
from flask import Blueprint, request

from apps.common.auth import signin_required
from apps.common.response import ok, error
from apps.database.models import TheaterTicket, Showtime
from apps.database.session import db

app = Blueprint('theater_tickets', __name__, url_prefix='/theater_tickets')


@app.route('', methods=['POST'])
@signin_required
def create():
    form = request.form
    theater_id = form['theater_id']
    showtime_id = form['showtime_id']
    seat_list = form['seat_list'].split(',')

    showtime = Showtime.query.filter_by(id=showtime_id, theater_id=theater_id).first()
    if not showtime:
        return error(40400)
```

```
    for seat in seat_list:
        x, y = seat.split('-')
        if TheaterTicket.query.filter(TheaterTicket.theater_id == theater_id,
TheaterTicket.showtime_id == showtime_id,
                                        TheaterTicket.x == x, TheaterTicket.y ==
y).first():
            return error(40000)
    for seat in seat_list:
        x, y = seat.split('-')
        theater_ticket = TheaterTicket(theater_id=theater_id, showtime_
id=showtime_id, x=x, y=y)
        db.session.add(theater_ticket)
    db.session.commit()
    return ok()
```

이때 다음 코드는 1-1, 1-2, 1-3 데이터를 배열 변수에 담고 순회하면서 이미 예약되어 있는지 체크합니다. 프론트에서는 실시간 정보를 제공하지 않아 서버 코드에서 필터링을 추가했습니다.

```
for seat in seat_list:
    x, y = seat.split('-')
    if TheaterTicket.query.filter(TheaterTicket.theater_id == theater_id,
TheaterTicket.showtime_id == showtime_id,
                                    TheaterTicket.x == x, TheaterTicket.y ==
y).first():
        return error(40000)
```

체크한 결과 이상이 없으면 저장합니다.

```
for seat in seat_list:
    x, y = seat.split('-')
    theater_ticket = TheaterTicket(theater_id=theater_id, showtime_id=showtime_id,
x=x, y=y)
    db.session.add(theater_ticket)
db.session.commit()
```

필요한 기능들은 모두 완성했습니다. 이제 실제로 실습해보면서 만들었던 기능들을 사용해봅니다.

## CHAPTER 4

플라스크로 블로그 만들기

3장에서는 영화 예매 사이트 만들기 예제를 해봤습니다. 이번에는 플라스크로 블로그 만들기 예제를 실습해보겠습니다. 블로그 만들기 예제를 선택한 것은 독자가 직접 만들고 싶은 서비스가 무엇일까? 라는 고민에서 비롯된 결과입니다.

블로그를 깊이 있게 다뤄봤다면 티스토리 스킨 만들기 또는 지킬^{Jekyll}로 블로그 만들기 정도는 경험해봤을 것입니다. 하지만 프론트에서 백엔드까지 만들어볼 기회는 많지 않았을 것입니다. 이번 기회에 여러분이 직접 플라스크로 블로그를 만들어보면서 전체적인 구조를 이해하고, 본인만의 블로그를 만들어보는 기회가 되었으면 좋겠습니다.

4.1 플라스크 세팅하기

빠른 실습을 위해 플라스크 블로그 예매 사이트 만들기 예제를 미리 깃허브에 올려두었습니다. 다음과 같은 git clone 명령어로 예제를 내려받습니다.

```
C:\Users\wyun1>git clone https://github.com/gureuso/flask-blog.git
```

virtualenv 명령어로 가상환경을 설정합니다. 그 뒤에 pip 명령어로 필요한 패키지들을 설치합니다.

```
C:\Users\wyun1\flask-blog>virtualenv venv
C:\Users\wyun1\flask-blog>call venv\Scripts\activate
(venv) C:\Users\wyun1\flask-blog>pip install -r requirements.txt
```

config.json을 만들고 데이터베이스 정보를 입력합니다. RDS를 쓰고 있다면 마스터 아이디
와 비밀번호, 엔드포인트를 입력합니다.

```
config.json
{
    "APP_MODE": "development",
    "DB_NAME": "flask_blog",
"DB_USER_NAME": "root",
"DB_USER_PASSWD": "password",
    "DB_HOST": "localhost",
    "TESTING": false
}
```

실습을 실시간으로 보기 위해 웹 서버를 실행합니다.

```
(venv) C:\Users\wyun1\flask-blog>python manage.py runserver
```

4.2 블로그 데이터베이스 설계하기

데이터베이스를 설계하기에 앞서 먼저 데이터베이스부터 만들어야 합니다. 데이터베이스 툴로
flask_blog 데이터베이스를 만들어줍니다.

그림 4-1 flask_blog 데이터베이스 생성

블로그라고 하면 어떤 기능들이 떠오르나요? 글쓰기, 글 목록, 조회 수, 글 수정 및 삭제, 댓글, 관련 글 더보기 등 많은 기능이 떠오를 겁니다. 하나씩 짚어보면서 필요한 테이블들을 설계해 봅니다.

- users: 유저 테이블
- posts: 글 테이블
- tags: 태그 테이블
- comments: 댓글 테이블
- views: 조회 수 테이블

블로그에 글을 쓰려면 기본적으로 로그인한 유저가 필요합니다. 따라서 users 테이블을 만들어줍니다. 유저가 생성되었다면 글을 저장할 테이블이 필요하므로 posts 테이블을 만들어줍니다. 글을 작성하면 글을 분류하는 기능이 필요합니다. 카테고리, 태그 등이 그 방법인데 여기서는 태그 기반으로 글을 분류하겠습니다. 이때 사용할 tags 테이블을 만들어줍니다. 글을 작성하고 태그로 분류까지 했다면 다른 유저가 블로그에 참여할 수 있는 '댓글'과 같은 기능이 있어야 하므로 comments 테이블을 만들어 줍니다. 이번에는 블로그 기능 중에 꽤 중요한 기능입니다. 유저가 얼마나 이 글을 읽었는지 알아보기 위해 조회 수를 확인하는 views 테이블을 만들어줍니다.

어떤 기능을 만들어야 하며 왜 필요한지 이해가 되셨나요? 그럼 하나씩 짚어보면서 데이터베이스 설계를 해봅니다. 첫 번째로 만들 테이블은 users 테이블입니다. 이메일을 활용한 인증이 필요할 수 있어 이메일을 이용한 로그인을 유도합니다. 시각적인 부분을 위해 닉네임도 받아줍니다.

```
apps/database/models.py
class UserMixin:
    id = db.Column(db.Integer, primary_key=True, autoincrement=True)
    email = db.Column(db.String(120), unique=True)
    nickname = db.Column(db.String(20), unique=True)
    password = db.Column(db.String(255))


class TestUserModel(UserMixin, db.Model):
    __tablename__ = 'test_users'

    posts = db.relationship('TestPostModel', backref='user')
    comments = db.relationship('TestCommentModel', backref='user')


class UserModel(UserMixin, flask_login.UserMixin, db.Model):
    __tablename__ = 'users'

    posts = db.relationship('PostModel', backref='user')
    comments = db.relationship('CommentModel', backref='user')

    test_model = TestUserModel


User = get_model(UserModel)
```

다음은 users 테이블을 활용하는 로그인 및 계정 생성 화면입니다.

그림 4-2 로그인 화면

그림 4-3 회원가입 화면

두 번째는 posts 테이블입니다. 글 제목, 글 본문, 글 작성자, 작성일, 수정일 등이 필요합니다. 그에 맞게 title, content, user_id, created_at, updated_at을 추가해줍니다.

```python
apps/database/models.py
class PostMixin:
    id = db.Column(db.Integer, primary_key=True, autoincrement=True)
    title = db.Column(db.String(255))
    content = db.Column(db.Text)
    created_at = db.Column(db.DateTime, default=datetime.now())
    updated_at = db.Column(db.DateTime, onupdate=datetime.now(), default=datetime.
now())


class TestPostModel(PostMixin, db.Model):
    __tablename__ = 'test_posts'

    user_id = db.Column(db.Integer(), db.ForeignKey('test_users.id'))

    tags = db.relationship('TestTagModel', backref='post')


class PostModel(PostMixin, db.Model):
    __tablename__ = 'posts'

    user_id = db.Column(db.Integer(), db.ForeignKey('users.id'))

    tags = db.relationship('TagModel', backref='post')

    test_model = TestPostModel


Post = get_model(PostModel)
```

```python
apps/database/models.py
class TagMixin:
    id = db.Column(db.Integer, primary_key=True, autoincrement=True)
    title = db.Column(db.String(255))


class TestTagModel(TagMixin, db.Model):
    __tablename__ = 'test_tags'
```

```
        post_id = db.Column(db.Integer(), db.ForeignKey('test_posts.id'))


    class TagModel(TagMixin, db.Model):
        __tablename__ = 'tags'

        post_id = db.Column(db.Integer(), db.ForeignKey('posts.id'))

        test_model = TestTagModel


    Tag = get_model(TagModel)
```

다음은 posts 테이블을 활용하는 글쓰기 화면입니다.

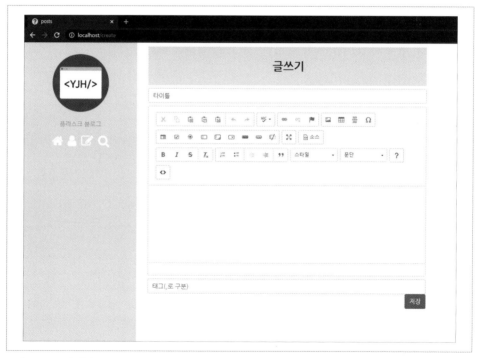

그림 4-4 글쓰기 화면

세 번째로, 작성한 글을 분류하는 tags 테이블을 만들어줍니다.

```
apps/database/models.py
class ViewMixin:
    id = db.Column(db.Integer, primary_key=True, autoincrement=True)
    ip_address = db.Column(db.String(15))
    created_at = db.Column(db.DateTime, default=datetime.now())


class TestViewModel(ViewMixin, db.Model):
    __tablename__ = 'test_views'

    user_id = db.Column(db.Integer(), db.ForeignKey('test_users.id'))
    post_id = db.Column(db.Integer(), db.ForeignKey('test_posts.id'))


class ViewModel(ViewMixin, db.Model):
    __tablename__ = 'views'

    user_id = db.Column(db.Integer(), db.ForeignKey('users.id'))
    post_id = db.Column(db.Integer(), db.ForeignKey('posts.id'))

    test_model = TestViewModel


View = get_model(ViewModel)
```

네 번째로, 조회 수를 위해 views 테이블을 만들어줍니다. ip_address를 받아 중복 조회 시 조회 수가 올라가지 않도록 합니다.

```
apps/database/models.py
class CommentMixin:
    id = db.Column(db.Integer, primary_key=True, autoincrement=True)
    content = db.Column(db.Text)
    created_at = db.Column(db.DateTime, default=datetime.now())
    updated_at = db.Column(db.DateTime, onupdate=datetime.now(), default=datetime.
now())


class TestCommentModel(CommentMixin, db.Model):
    __tablename__ = 'test_comments'
    user_id = db.Column(db.Integer(), db.ForeignKey('test_users.id'))
    post_id = db.Column(db.Integer(), db.ForeignKey('test_posts.id'))
```

```python
    parent_id = db.Column(db.Integer(), db.ForeignKey('test_comments.id'),
nullable=True)


class CommentModel(CommentMixin, db.Model):
    __tablename__ = 'comments'

    user_id = db.Column(db.Integer(), db.ForeignKey('users.id'))
    post_id = db.Column(db.Integer(), db.ForeignKey('posts.id'))
    parent_id = db.Column(db.Integer(), nullable=True)

    test_model = TestCommentModel


Comment = get_model(CommentModel)
```

마지막으로 댓글을 위한 comments 테이블을 만들어줍니다. 여기서 중요한 것은 대댓글을 위해 parent_id를 추가했다는 점입니다. parent_id가 있을 때는 대댓글로 분류하면 됩니다. 조금 어렵게 느껴질 수도 있는데 4.7절에서 댓글 만들기를 살펴볼 때 자세히 다루겠습니다.

```python
apps/database/models.py
# -*- coding: utf-8 -*-
from datetime import datetime

import flask_login

from apps.database.session import db, login_manager
from config import JsonConfig


def get_model(model):
    if JsonConfig.get_data('TESTING'):
        return model.test_model
    return model


class TestMixin:
    id = db.Column(db.Integer, primary_key=True, autoincrement=True)
    message = db.Column(db.String(120))
```

```python
class TestTestModel(TestMixin, db.Model):
    __tablename__ = 'test_tests'


class TestModel(TestMixin, db.Model):
    __tablename__ = 'tests'

    test_model = TestTestModel


Test = get_model(TestModel)


class CommentMixin:
    id = db.Column(db.Integer, primary_key=True, autoincrement=True)
    content = db.Column(db.Text)
    created_at = db.Column(db.DateTime, default=datetime.now())
    updated_at = db.Column(db.DateTime, onupdate=datetime.now(), default=datetime.
now())


class TestCommentModel(CommentMixin, db.Model):
    __tablename__ = 'test_comments'

    user_id = db.Column(db.Integer(), db.ForeignKey('test_users.id'))
    post_id = db.Column(db.Integer(), db.ForeignKey('test_posts.id'))
    parent_id = db.Column(db.Integer(), db.ForeignKey('test_comments.id'),
nullable=True)


class CommentModel(CommentMixin, db.Model):
    __tablename__ = 'comments'

    user_id = db.Column(db.Integer(), db.ForeignKey('users.id'))
    post_id = db.Column(db.Integer(), db.ForeignKey('posts.id'))
    parent_id = db.Column(db.Integer(), nullable=True)

    test_model = TestCommentModel


Comment = get_model(CommentModel)


class ViewMixin:
```

```python
    id = db.Column(db.Integer, primary_key=True, autoincrement=True)
    ip_address = db.Column(db.String(15))
    created_at = db.Column(db.DateTime, default=datetime.now())


class TestViewModel(ViewMixin, db.Model):
    __tablename__ = 'test_views'

    user_id = db.Column(db.Integer(), db.ForeignKey('test_users.id'))
    post_id = db.Column(db.Integer(), db.ForeignKey('test_posts.id'))


class ViewModel(ViewMixin, db.Model):
    __tablename__ = 'views'

    user_id = db.Column(db.Integer(), db.ForeignKey('users.id'))
    post_id = db.Column(db.Integer(), db.ForeignKey('posts.id'))

    test_model = TestViewModel


View = get_model(ViewModel)


class TagMixin:
    id = db.Column(db.Integer, primary_key=True, autoincrement=True)
    title = db.Column(db.String(255))


class TestTagModel(TagMixin, db.Model):
    __tablename__ = 'test_tags'

    post_id = db.Column(db.Integer(), db.ForeignKey('test_posts.id'))


class TagModel(TagMixin, db.Model):
    __tablename__ = 'tags'

    post_id = db.Column(db.Integer(), db.ForeignKey('posts.id'))

    test_model = TestTagModel


Tag = get_model(TagModel)
```

```python
class PostMixin:
    id = db.Column(db.Integer, primary_key=True, autoincrement=True)
    title = db.Column(db.String(255))
    content = db.Column(db.Text)
    created_at = db.Column(db.DateTime, default=datetime.now())
    updated_at = db.Column(db.DateTime, onupdate=datetime.now(), default=datetime.now())


class TestPostModel(PostMixin, db.Model):
    __tablename__ = 'test_posts'

    user_id = db.Column(db.Integer(), db.ForeignKey('test_users.id'))

    tags = db.relationship('TestTagModel', backref='post')


class PostModel(PostMixin, db.Model):
    __tablename__ = 'posts'

    user_id = db.Column(db.Integer(), db.ForeignKey('users.id'))

    tags = db.relationship('TagModel', backref='post')

    test_model = TestPostModel


Post = get_model(PostModel)


class UserMixin:
    id = db.Column(db.Integer, primary_key=True, autoincrement=True)
    email = db.Column(db.String(120), unique=True)
    nickname = db.Column(db.String(20), unique=True)
    password = db.Column(db.String(255))


class TestUserModel(UserMixin, db.Model):
    __tablename__ = 'test_users'

    posts = db.relationship('TestPostModel', backref='user')
    comments = db.relationship('TestCommentModel', backref='user')
```

```python
class UserModel(UserMixin, flask_login.UserMixin, db.Model):
    __tablename__ = 'users'

    posts = db.relationship('PostModel', backref='user')
    comments = db.relationship('CommentModel', backref='user')

    test_model = TestUserModel


User = get_model(UserModel)


@login_manager.user_loader
def member_loader(user_id):
    return User.query.filter(User.id == user_id).first()
```

설계가 끝났다면 다음과 같이 python manage.py db migrate와 python manage.py db upgrade를 통해 마이그레이션합니다.

```
(venv) C:\Users\wyun1\flask-blog>python manage.py db migrate
INFO  [alembic.runtime.migration] Context impl MySQLImpl.
INFO  [alembic.runtime.migration] Will assume non-transactional DDL.
INFO  [alembic.autogenerate.compare] Detected added table 'test_tests'
INFO  [alembic.autogenerate.compare] Detected added table 'test_users'
INFO  [alembic.autogenerate.compare] Detected added table 'tests'
INFO  [alembic.autogenerate.compare] Detected added table 'users'
INFO  [alembic.autogenerate.compare] Detected added table 'posts'
INFO  [alembic.autogenerate.compare] Detected added table 'test_posts'
INFO  [alembic.autogenerate.compare] Detected added table 'comments'
INFO  [alembic.autogenerate.compare] Detected added table 'tags'
INFO  [alembic.autogenerate.compare] Detected added table 'test_comments'
INFO  [alembic.autogenerate.compare] Detected added table 'test_tags'
INFO  [alembic.autogenerate.compare] Detected added table 'test_views'
INFO  [alembic.autogenerate.compare] Detected added table 'views'
Generating C:\Users\wyun1\flask-blog\migrations\versions\beb8aef9b53f_.py ...
done

(venv) C:\Users\wyun1\flask-blog>python manage.py db upgrade
INFO  [alembic.runtime.migration] Context impl MySQLImpl.
INFO  [alembic.runtime.migration] Will assume non-transactional DDL.
INFO  [alembic.runtime.migration] Running upgrade  -> beb8aef9b53f, empty message
```

다음 그림은 이렇게 설계한 테이블을 비주얼라이징한 다이어그램입니다. 기본적으로 users 테이블을 기준으로 posts가 생성되고 post_id에 다른 테이블들이 엮인 모습을 볼 수 있습니다.

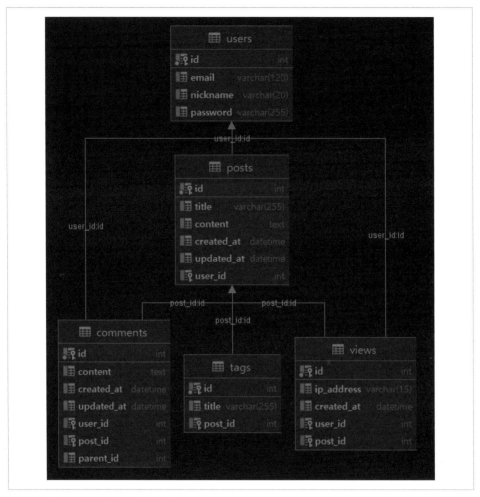

그림 4-5 블로그 데이터베이스 다이어그램

이것으로 데이터베이스 설계가 끝났습니다. 다음 절에서는 비즈니스 로직을 구현하는 법을 배워보겠습니다.

4.3 블로그 글쓰기 페이지 만들기

다음 화면들은 데이터베이스를 만들고 블로그에 로그인했을 때 처음 보이는 페이지입니다. 아직 글이 없다 보니 '게시물이 없습니다. 게시글을 작성해주세요.'라는 문구를 볼 수 있습니다. 영화 예매 사이트 만들기 예제에서는 Flask-WTF 모듈을 사용해서 폼을 만들었습니다. 하지만 이번에는 Ajax를 활용해 게시물을 작성해보겠습니다.

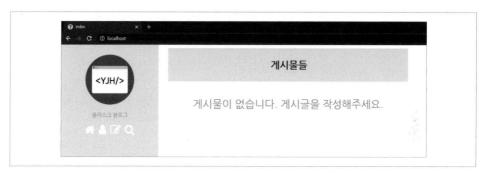

그림 4-6 블로그 게시물 목록 페이지

다음은 게시물을 작성할 수 있는 글쓰기 화면입니다.

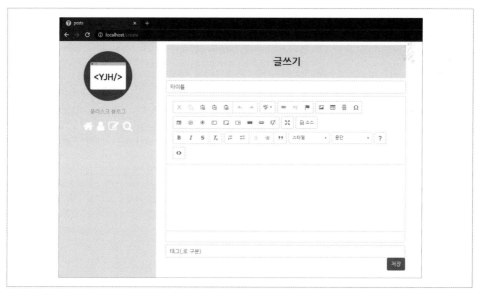

그림 4-7 블로그 글쓰기 화면

먼저 컨트롤러에 /create 페이지를 추가합니다.

```
apps/controllers/index/controllers.py
@app.route('/create', methods=['GET'])
@signin_required
def create():
    return render_template('main/create.html')
```

Ajax를 활용하므로 form 태그를 사용하지 않습니다. jquery를 활용해 값을 가져오고 api를 호출하겠습니다.

```html
templates/main/create.html
{% extends 'layout/base.html' %}

{% block head %}
  <title>posts</title>
  <script src="/static/js/ckeditor/ckeditor.js"></script>
{% endblock %}

{% block body %}
  <div id="container">
    {% include 'layout/sidebar.html' %}

    <div id="main">
      <div id="main-title">
        <h1>글쓰기</h1>
      </div>

      <input class="form-control mt-2 mb-2" type="text" placeholder="타이틀"
id="post_title">
      <textarea name="post_content" id="post_content"></textarea>
      <input class="form-control mt-2" type="text" placeholder="태그(,로 구분)"
id="post_tags">
      <span class="btn btn-primary float-right" onclick="create_post()">저장</
span>
    </div>
  </div>
{% endblock %}
{% block script %}
  <script>
    $(function() {
```

```
        CKEDITOR.replace("post_content", {
          filebrowserUploadUrl: "{{ url_for('apis_posts.file_upload') }}",
          extraPlugins: "autogrow",
          autoGrow_minHeight: 300,
          removePlugins: "resize"
        });
      });

    function get_post_data() {
      return {
        title: $("#post_title").val(),
        content: CKEDITOR.instances["post_content"].getData(),
        tags: $("#post_tags").val(),
      }
    }

    function create_post() {
      const data = get_post_data();
      if(!(data.content || data.title || data.tags)) {
        return alert("제목과 본문을 입력해주세요.");
      }

      $.ajax({
        url: "{{ url_for('apis_posts.create_post') }}",
        type: "POST",
        data: data,
        success: function() {
          window.location.href = "{{ url_for('index.index') }}"
        },
        error(xhr) {
          alert(`${xhr.status} / ${xhr.responseJSON['message']}`);
        }
      });
    }
  </script>
{% endblock %}
```

```
<div id="main">
  <div id="main-title">
    <h1>글쓰기|</h1>
  </div>
```

```html
    <input class="form-control mt-2 mb-2" type="text" placeholder="타이틀" id="post_
title">
    <textarea name="post_content" id="post_content"></textarea>
    <input class="form-control mt-2" type="text" placeholder="태그(,로 구분)"
id="post_tags">
    <span class="btn btn-primary float-right" onclick="create_post()">저장</span>
</div>
```

데이터를 검증하고 값이 정상일 경우 api를 호출합니다.

```javascript
function create_post() {
  const data = get_post_data();
  if(!(data.content || data.title || data.tags)) {
    return alert("제목과 본문을 입력해주세요.");
  }

  $.ajax({
    url: "{{ url_for('apis_posts.create_post') }}",
    type: "POST",
    data: data,
    success: function() {
      window.location.href = "{{ url_for('index.index') }}"
    },
    error(xhr) {
      alert(`${xhr.status} / ${xhr.responseJSON['message']}`);
    }
  });
}
```

다음과 같이 title, content, tags를 받아 post를 만드는 것을 볼 수 있습니다.

```python
apps/controllers/apis/posts/controllers.py
@app.route('', methods=['POST'])
@signin_required
def create_post():
    form = request.form
    title = form['title']
    content = form['content']
    tags = form['tags']
    post = Post(title=title, content=content, user_id=current_user.id,
```

```
tags=[Tag(title=tag) for tag in tags.split(',')])
    db.session.add(post)
    db.session.commit()
    return ok()
```

4.4 블로그 글 목록 페이지 만들기

글을 작성하면 다음과 같이 작성한 글을 확인할 수 있습니다. 여기서 주의 깊게 살펴봐야 할 부분은 바로 페이지네이션입니다. SQLAlchemy + Jinja2 조합으로 손쉽게 페이지네이션을 만들 수 있기 때문입니다.

다음은 페이지네이션을 만들어 리스트를 출력한 결과 화면입니다.

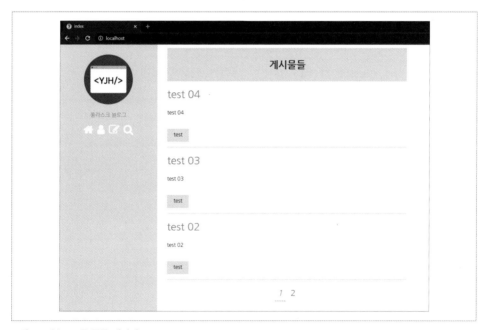

그림 4-8 블로그 글 목록 페이지

다음은 페이지네이션을 위한 백엔드 코드입니다.

```
apps/controllers/index/controllers.py
@app.route('', methods=['GET'])
@signin_required
def index():
    args = request.args
    page = int(args.get('page') or 1)
    per_page = 3

    pagination = Post.query.order_by(Post.id.desc()).paginate(page, per_page)
    posts = pagination.items
    for post in posts:
        post.content = re.sub(r'<img.*/>', '', post.content)[:20]
    return render_template('main/index.html', posts=posts, pagination=pagination)
```

여기서 다음과 같이 ORM으로 작성한 글 목록을 가져오는 쿼리에 paginate( ) 함수를 붙여줍니다.

```
pagination = Post.query.order_by(Post.id.desc()).paginate(page, per_page)
```

그리고 posts는 pagination.items로 넘겨주고 pagination은 그대로 넘겨줍니다.

```
return render_template('main/index.html', posts=posts, pagination=pagination)
```

```
templates/main/index.html
{% extends 'layout/base.html' %}

{% block head %}
  <title>index</title>
{% endblock %}

{% block body %}
  <div id="container">
    {% include 'layout/sidebar.html' %}

    <div id="main">
      <div id="main-title">
        <h1>게시물들</h1>
      </div>
```

```
        {% if not posts %}
          <h2 class="text-center p-5"><a href="{{ url_for('index.create') }}">게시물
이 없습니다. 게시글을 작성해주세요.</a></h2>
        {% endif %}
        {% for post in posts %}
          <div id="main-post">
            <h2>
              <a href="{{ url_for('index.get_post', post_id=post.id) }}">{{ post.
title }}</a>
            </h2>
            <p>
              {{ post.content|safe }}
            </p>
            <ul class="tag">
              {% for tag in post.tags %}
                <li>{{ tag.title }}</li>
              {% endfor %}
            </ul>
          </div>
        {% endfor %}
        {{ macros.pagination_index(pagination, 'index.index') }}
      </div>
    </div>
  {% endblock %}
```

여기서 핵심은 다음과 같이 macros로부터 정의된 페이지네이션을 호출하기만 하면 된다는 것입니다.

```
{{ macros.pagination_index(pagination, 'index.index') }}
```

macros는 base.html에 정의되어 있습니다. import로 호출하고 관련 리소스를 as를 사용해 macros로 접근하게 만들었습니다.

```
templates/layout/base.html
{% import 'layout/pagination.html' as macros %}
```

macro는 자주 사용되는 기능들을 함수처럼 사용할 수 있게 만들어 놓은 Jinja2 함수 중 하나입니다. macro를 활용하여 페이지네이션 함수를 만들어줍니다.

```
templates/layout/pagination.html
{% macro pagination_index(pagination, endpoint) %}
  <div id="main-pagination">
    {% for p in pagination.iter_pages() %}
      {% if p %}
        {% if p == pagination.page %}
          <em>{{ p }}</em>
        {% else %}
          <a href="{{ url_for(endpoint, page = p, **kwargs) }}">{{ p }}</a>
        {% endif %}
      {% else %}
        <a>...</a>
      {% endif %}
    {% endfor %}
  </div>
{% endmacro %}
```

페이지네이션을 구현하려면 paginatin.iter_pages() 함수를 이해해야 합니다. 해당 함수는
페이지를 넘겨주는데 건너뛴 페이지는 None으로 리턴합니다. 그래서 p가 있을 때는 클릭할
페이지가 있는 것이고 없을 때는 넘겨버린 페이지가 되는 겁니다.

```
{% for p in pagination.iter_pages() %}
  {% if p %}
    {% if p == pagination.page %}
      <em>{{ p }}</em>
    {% else %}
      <a href="{{ url_for(endpoint, page = p, **kwargs) }}">{{ p }}</a>
    {% endif %}
  {% else %}
    <a>...</a>
  {% endif %}
{% endfor %}
```

pagination.page는 현재 페이지를 리턴합니다. 아닐 경우에는 다른 페이지로 이동할 수 있는
페이지를 만들어줍니다.

```
{% if p == pagination.page %}
  <em>{{ p }}</em>
{% else %}
  <a href="{{ url_for(endpoint, page = p, **kwargs) }}">{{ p }}</a>
{% endif %}
```

4.5 블로그 글 검색 기능 만들기

다음 그림에서 사이드바를 살펴보면 검색 아이콘이 보입니다. 아이콘을 클릭하면 오른쪽 그림 처럼 검색할 수 있는 입력 창이 나타납니다.

그림 4-9 블로그 글 검색 화면

그림 4-10 블로그 글 검색 화면2

이번에는 Ajax로 검색 키워드를 통해 검색된 게시글을 출력하는 기능을 만들어봅니다. 다음 그림과 같은 형태로 만드는 것이 이번 절의 목표입니다.

그림 4-11 블로그 글 검색 화면 3

그럼 코드부터 자세히 살펴보겠습니다.

```
templates/layout/sidebar.html
<div id="sidebar">
  <div id="sidebar-profile">
    <a href="{{ url_for('index.index') }}"><img src="/static/image/profile.png"
id="sidebar-profile-img"></a>
    <p id="sidebar-profile-text">
      플라스크 블로그
    </p>
  </div>
  <div id="sidebar-icon">
    <a href="/">
      <i class="fa fa-home fa-2x" aria-hidden="true"></i>
    </a>
    <a href="{{ url_for('index.about') }}">
      <i class="fa fa-user fa-2x" aria-hidden="true"></i>
    </a>
    <a href="{{ url_for('index.create') }}">
      <i class="fa fa-edit fa-2x" aria-hidden="true"></i>
    </a>
    <a onclick="showSearch();" style="cursor: pointer;">
      <i class="fa fa-search fa-2x" aria-hidden="true"></i>
```

```
      </a>
      <div id="search" style="display: none">
        <input>
        <i class="fa fa-times fa-1x" aria-hidden="true" onclick="hideSearch();"></i>
        <ul id="search-result"></ul>
      </div>
    </div>
  </div>
```

sidebar.html을 자세히 살펴보면 다음과 같이 해당 화면이 숨겨져 있는 것을 볼 수 있습니다. 함수로 추측해보자면 아이콘을 클릭했을 때 input 창이 보이고 close 아이콘을 클릭하면 다시 숨겨지는 것으로 보입니다.

```
<a onclick="showSearch();" style="cursor: pointer;">
  <i class="fa fa-search fa-2x" aria-hidden="true"></i>
</a>
<div id="search" style="display: none">
  <input>
  <i class="fa fa-times fa-1x" aria-hidden="true" onclick="hideSearch();"></i>
  <ul id="search-result"></ul>
</div>
```

다음은 base.html입니다. showSearch() 함수 부분을 보면 search id를 가진 창이 보이게 되고 input에 포커스를 주는 것을 알 수 있습니다. hideSearch() 함수는 반대로 search id를 가진 창을 숨깁니다. 여기서 살펴봐야 할 부분은 showSearch() 함수로 검색 창이 보이게 되고 거기서 keyup 이벤트가 발생하면 Ajax로 데이터를 질의하는 부분입니다.

```
templates/layout/base.html
<script>
  $(function() {
    $("#search > input").on("keyup", function() {
      $.ajax({
        url: "{{ url_for('apis_posts.get_posts') }}?q=" + $(this).val(),
        type: "GET",
        success: function(data) {
          $("#search-result").html("");
          for(let post of data.data) {
```

```
            $("#search-result").append(`<li><a href="/${post.id}">${post.title}</
a></li>`)
          }
        },
        error(xhr) {
          alert(`${xhr.status} / ${xhr.responseJSON['message']}`);
        }
      });
    });
  });

  function showSearch() {
    $('#search').css({'display': 'block'});
    $('#search > input').focus();
  }

  function hideSearch() {
    $('#search').css({'display': 'none'});
  }
</script>
```

posts 테이블의 title과 content를 like로 서치하여 일치하는 것이 있는지 찾습니다. or 문
으로 검색되므로 둘 중 하나라도 만족하면 쿼리에 걸립니다. 그리고 tags 테이블과 조인해서
일치하는 키워드가 있을 때도 게시글을 가져오게 됩니다.

```
apps/controllers/apis/posts/controllers.py
@app.route('', methods=['GET'])
@signin_required
def get_posts():
    args = request.args
    if args.get('q'):
        search = '%{}%'.format(args['q'])
        posts = Post.query.join(Tag).filter(or_(Post.title.like(search), Post.
content.like(search), Tag.title == args['q'])).all()
    else:
        posts = Post.query.all()
    return ok([dict(id=post.id, title=post.title, created_at=str(post.created_at))
for post in posts])
```

해당 태그를 검색하면 관련 게시글이 나오는 것을 볼 수 있습니다.

그림 4-12 블로그 글 검색 화면 4

그림 4-13 블로그 글 검색 화면 5

4.6 블로그 관련 글 기능 만들기

블로그 게시글을 유심히 지켜보면 더보기 혹은 다음글, 이전글 등의 기능을 볼 수 있습니다. 특정 게시글로 유입된 유저가 잇따라 다른 글도 보게 만드는 중요한 기능입니다.

이 절에서는 필자가 더보기 및 다음글, 이전글을 어떻게 구현하는지를 살펴보고 다음 화면과 같이 해당 기능을 같이 만들어보겠습니다.

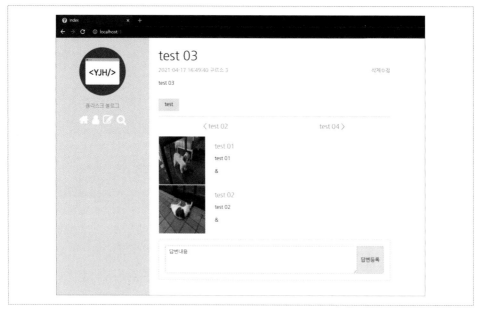

그림 4-14 블로그 관련 글 페이지

다음 코드는 이전글과 다음글을 보여주는 쿼리문입니다. 이전글의 경우에는 post_id가 현재 post_id보다 작은 게시글 중 가장 가까운 게시글을 가져옵니다. 다음글의 경우에는 post_id 가 현재 기보다 큰 게시글 중 가장 가까운 게시글을 가져옵니다.

```
apps/controllers/index/controllers.py
@app.route('/<int:post_id>', methods=['GET'])
@signin_required
def get_post(post_id):
    post = Post.query.filter(Post.id == post_id).first()
    if not post:
        abort(404)

    view = View.query.filter(View.ip_address == request.remote_addr, View.post_id
== post.id,
                             View.user_id == current_user.id, View.created_at >
datetime.now() - timedelta(minutes=30)).first()
    if not view:
        view = View(ip_address=request.remote_addr, post_id=post.id, user_
id=current_user.id)
        db.session.add(view)
```

```
        db.session.commit()
    view_cnt = View.query.filter(View.post_id == post.id).count()

    prev_post = Post.query.filter(Post.id < post_id).order_by(Post.id.desc()).
first()
    next_post = Post.query.filter(Post.id > post_id).order_by(Post.id.asc()).
first()

    related_posts = []
    for tag in post.tags:
        tags = Tag.query.filter(Tag.title == tag.title, Tag.post_id != post.id).
order_by(Tag.id.desc()).limit(2).all()
        for t in tags:
            if not [x for x in related_posts if x.id == t.post.id]:
                t.post.thumbnail = re.search(r'<img.*/>', t.post.content)
                t.post.thumbnail = t.post.thumbnail.group() if t.post.thumbnail
else None
                t.post.content = re.sub(r'<img.*/>', '', t.post.content)[:20]
                related_posts.append(t.post)
    related_posts = related_posts[:6]

    comments = Comment.query.filter(Comment.post_id == post.id, Comment.parent_id
== None).all()
    for comment in comments:
        comment.comments = Comment.query.filter(Comment.parent_id == comment.id).
all()
    return render_template('main/post.html', post=post, prev_post=prev_post, next_
post=next_post,
                           related_posts=related_posts, view_cnt=view_cnt,
comments=comments)

prev_post = Post.query.filter(Post.id < post_id).order_by(Post.id.desc()).first()
next_post = Post.query.filter(Post.id > post_id).order_by(Post.id.asc()).first()

related_posts = []
for tag in post.tags:
    tags = Tag.query.filter(Tag.title == tag.title, Tag.post_id != post.id).order_
by(Tag.id.desc()).limit(2).all()
    for t in tags:
        if not [x for x in related_posts if x.id == t.post.id]:
            t.post.thumbnail = re.search(r'<img.*/>', t.post.content)
            t.post.thumbnail = t.post.thumbnail.group() if t.post.thumbnail else
None
            t.post.content = re.sub(r'<img.*/>', '', t.post.content)[:20]
```

```
            related_posts.append(t.post)
related_posts = related_posts[:6]

prev_post = Post.query.filter(Post.id < post_id).order_by(Post.id.desc()).first()
next_post = Post.query.filter(Post.id > post_id).order_by(Post.id.asc()).first()
```

더보기 기능의 경우에는 해당 게시글의 태그와 비교해서 관련 게시글의 태그가 있는지 살펴본 뒤에 가져옵니다. 그리고 중복이 되지 않는 선에서 썸네일 사진과 요약글을 추출합니다.

```
related_posts = []
for tag in post.tags:
    tags = Tag.query.filter(Tag.title == tag.title, Tag.post_id != post.id).order_
by(Tag.id.desc()).limit(2).all()
    for t in tags:
        if not [x for x in related_posts if x.id == t.post.id]:
            t.post.thumbnail = re.search(r'<img.*/>', t.post.content)
            t.post.thumbnail = t.post.thumbnail.group() if t.post.thumbnail else None
            t.post.content = re.sub(r'<img.*/>', '', t.post.content)[:20]
            related_posts.append(t.post)
related_posts = related_posts[:6]
```

이전글과 다음글은 다음과 같이 div로 표현했고 더보기 글은 table을 사용해서 표현했습니다. 더보기 글에서 주의할 점은 html을 가지고 있는 변수는 safe 필터를 걸어줘야 제대로 작동한다는 점입니다.

```
templates/main/post.html
<div class="main-links">
  {% if prev_post %}
    <div class="main-links-prev" id="main-post-pagination-prev"
onclick="goToURL('{{ url_for('index.get_post', post_id=prev_post.id) }}')">
      <a href="{{ url_for('index.get_post', post_id=prev_post.id) }}">&lt; {{
prev_post.title }}</a>
    </div>
  {% endif %}
  {% if next_post %}
    <div class="main-links-next" id="main-post-pagination-next"
onclick="goToURL('{{ url_for('index.get_post', post_id=next_post.id) }}')">
      <a href="{{ url_for('index.get_post', post_id=next_post.id) }}">{{ next_
post.title }} &gt;</a>
    </div>
```

```
      {% endif %}
    </div>

    <table>
      <tbody>
        {% for related_post in related_posts %}
          <tr>
            <td class="related-post-img">
              {% if related_post.thumbnail %}
                {{ related_post.thumbnail|safe }}
              {% else %}
                <div></div>
              {% endif %}
            </td>
            <td class="related-post-title">
              <div>
                <a href="/{{ related_post.id }}">{{ related_post.title }}</a>
              </div>
              <span>{{ related_post.content|safe }}</span>
            </td>
          </tr>
        {% endfor %}
      </tbody>
    </table>`
```

다음 화면과 같이 이전글, 다음글, 더보기 기능이 완성되었습니다.

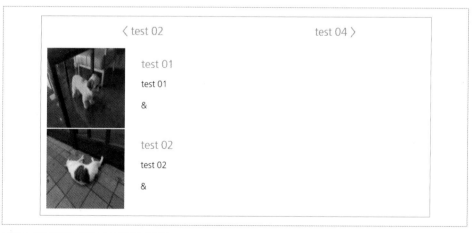

그림 4-15 블로그 이전 글, 다음 글 페이지

4.7 블로그 댓글 기능 만들기

블로그에 방문한 유저와 소통할 수 있는 기능이 바로 댓글 시스템입니다. 이 절에서는 필자가 댓글과 대댓글 시스템을 어떻게 구현했는지 함께 살펴보고 다음 화면과 같은 기능을 만들어봅니다.

그림 4-16 블로그 댓글 화면

다음 그림은 관련 테이블의 다이어그램입니다. comments 테이블은 post_id와 user_id를 가지며 각각 일대다 관계를 유지합니다. 또한 parent_id 개념을 가지는데, 댓글과 대댓글이 한 테이블에 있을 수 있는 이유입니다. parent_id가 있으면 대댓글, 없으면 댓글이라는 뜻입니다. parent_id는 comment_id를 가리킵니다.

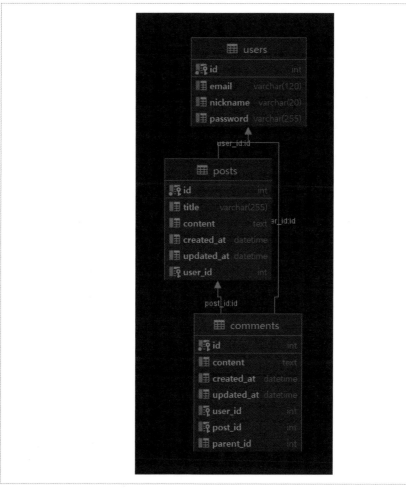

그림 4-17 블로그 댓글 관련 테이블

댓글은 parent_id가 없는 경우 가져오며 대댓글은 해당 댓글의 id를 가진 parent_id를 검색합니다.

```
apps/controllers/index/controllers.py
comments = Comment.query.filter(Comment.post_id == post.id, Comment.parent_id ==
None).all()
for comment in comments:
    comment.comments = Comment.query.filter(Comment.parent_id == comment.id).all()
```

다음 코드는 프론트 페이지입니다. nickname을 가져오고자 comment.user.nickname으로 접근했습니다. 댓글과 대댓글을 가져와서 뿌려주고 고유값을 주어서 쉽게 수정하고 삭제할 수 있게 만들었습니다.

```
templates/main/post.html
<div class="card mt-3">
  <div class="card-body">
    <div class="input-group">
      <textarea id="cm_content" class="form-control" placeholder="답변내용"
rows="3"></textarea>
      <div class="input-group-append">
        <span class="input-group-text" style="cursor:pointer;" onclick="create_
comment()">답변등록</span>
      </div>
    </div>

    {% for comment in comments %}
      <div class="input-group mt-3">
        <input type="text" class="form-control" value="답변자 : {{ comment.user.
nickname }} 등록일 : {{ comment.created_at }}" readonly>
        <div class="input-group-append">
          <button class="btn btn-success" onclick="update_comment({{ comment.id
}})">수정</button>
          <button class="btn btn-danger" onclick="delete_comment({{ comment.id
}})">삭제</button>
        </div>
      </div>
      <textarea id="cm_{{ comment.id }}" class="form-control" rows="3" style="min-
height: {{ comment.content|length }}px;">{{ comment.content }}</textarea>

      {% for child_comment in comment.comments %}
        <div class="input-group pl-5">
          <input type="text" class="form-control" value="답변자 : {{ child_
comment.user.nickname }} 등록일 : {{ child_comment.created_at }}" readonly>
          <div class="input-group-append">
            <button class="btn btn-success" onclick="update_comment({{ child_
comment.id }})">수정</button>
            <button class="btn btn-danger" onclick="delete_comment({{ child_
comment.id }})">삭제</button>
          </div>
        </div>
```

```
            <div class="input-group pl-5">
                <textarea id="cm_{{ child_comment.id }}" class="form-control" rows="3"
style="min-height: {{ child_comment.cm_content|length }}px;">{{ child_comment.
content }}</textarea>
            </div>
        {% endfor %}
        <div class="input-group pl-5">
            <textarea id="cm_{{ comment.id }}_child" class="form-control"
placeholder="답변내용" rows="3"></textarea>
            <div class="input-group-append">
                <span class="input-group-text" style="cursor:pointer;" onclick="create_
comment('{{ comment.id }}')">답변등록</span>
            </div>
        </div>
    {% endfor %}
  </div>
</div>
```

다음은 댓글과 대댓글 수정 및 삭제 api입니다. 데이터베이스 수정 및 삭제 쿼리로 Ajax를 통해 호출됩니다.

```
apps/controllers/apis/posts/controllers.py @app.route('/<int:post_id>/
comments/<int:comment_id>', methods=['PUT'])
@signin_required
def update_comment(post_id, comment_id):
    data = request.form
    content = data['content']

    post = Post.query.filter(Post.id == post_id).first()
    if not post:
        return error(40400)

    comment = Comment.query.filter(Comment.id == comment_id).first()
    if comment.user_id != current_user.id:
        return error(40300)

    comment.content = content
    db.session.commit()
    return ok()
```

```python
@app.route('/<int:post_id>/comments/<int:comment_id>', methods=['DELETE'])
@signin_required
def delete_comment(post_id, comment_id):
    post = Post.query.filter(Post.id == post_id).first()
    if not post:
        return error(40400)

    comment = Comment.query.filter(Comment.id == comment_id).first()
    if comment.user_id != current_user.id:
        return error(40300)

    db.session.delete(comment)
    db.session.commit()
    return ok()


@app.route('/<int:post_id>/comments', methods=['POST'])
@signin_required
def create_comment(post_id):
    data = request.form
    content = data['content']
    parent_id = data.get('parent_id')

    post = Post.query.filter(Post.id == post_id).first()
    if not post:
        return error(40400)

    comment = Comment(content=content, post_id=post.id, user_id=current_user.id,
parent_id=parent_id)
    db.session.add(comment)
    db.session.commit()
    return ok()
```

4.8 블로그 조회 수 기능 만들기

다음 화면의 윗부분에 숫자 5가 보이시나요? 조회 수를 나타낸 것입니다. 이번 절에서는 블로그를 운영할 때의 중요한 지표 중 하나인 조회 수 기능을 함께 만들어보겠습니다.

그림 4-18 블로그 조회 수 화면

관련 테이블 설계 화면은 다음과 같습니다.

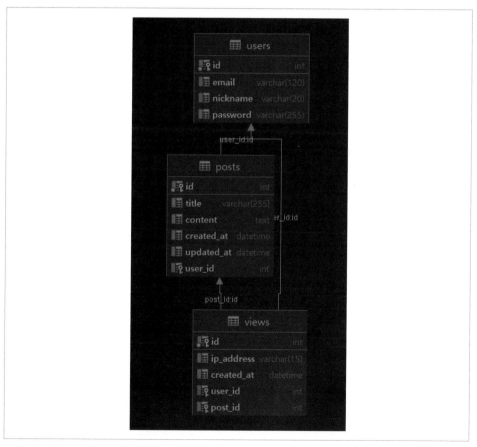

그림 4-19 블로그 조회 수 관련 테이블

어떤 유저가 방문했는지, 그리고 어떤 게시글을 통해 방문했는지 알아야 하므로 각각 user_id
와 post_id를 주었습니다. 또한 중복 조회를 피하기 위해 ip_address를 값으로 받았습니다.

이때 30분 기준으로 해당 ip_address로 방문한 유저가 있는지 체크하고 없으면 조회 수를 추
가합니다. 그리고 count() 함수로 조회 수를 집계합니다.

```
apps/controllers/index/controllers.py
@app.route('/<int:post_id>', methods=['GET'])
@signin_required
def get_post(post_id):
    post = Post.query.filter(Post.id == post_id).first()
    if not post:
        abort(404)

    view = View.query.filter(View.ip_address == request.remote_addr, View.post_id
== post.id,
                             View.user_id == current_user.id, View.created_at >
datetime.now() - timedelta(minutes=30)).first()
    if not view:
        view = View(ip_address=request.remote_addr, post_id=post.id, user_
id=current_user.id)
        db.session.add(view)
        db.session.commit()
    view_cnt = View.query.filter(View.post_id == post.id).count()
```

해당 변수에 집계한 조회 수를 담고 출력해줍니다.

```
templates/main/post.html
<span>{{ view_cnt }}</span>
```

4.9 블로그 테스트 코드 작성하기

지금까지 플라스크로 블로그 만들기 프로젝트를 해봤습니다. 이제부터는 테스트 코드를 짜볼
차례입니다. 테스트 대상은 미리 만들어 두었던 apis controller입니다.

```
test/controllers/apis/posts/test.py
# -*- coding: utf-8 -*-
import unittest2
from flask import url_for

from apps.common.auth import SHA256
from apps.controllers.router import app
from apps.database.models import User, Post, Tag
from apps.database.session import db
from config import JsonConfig


class Test(unittest2.TestCase):
    def setUp(self):
        app.config['WTF_CSRF_ENABLED'] = False
        self.app = app.test_client()

    @classmethod
    def setUpClass(cls):
        JsonConfig.set_data('TESTING', True)
        cls.u1 = User(email='wyun13043@gmail.com', nickname='gureuso01',
password=SHA256.encrypt('1234'))
        cls.u2 = User(email='wyun13043@daum.net', nickname='gureuso02',
password=SHA256.encrypt('1234'))
        db.session.add(cls.u1)
        db.session.add(cls.u2)
        db.session.commit()

    @classmethod
    def tearDownClass(cls):
        Tag.query.delete()
        Post.query.delete()
        User.query.delete()
        db.session.commit()
        JsonConfig.set_data('TESTING', False)

    def test_create_post(self):
        with self.app:
            self.app.post(url_for('users.signin'), data=dict(email='wyun13043@
gmail.com', password='1234'))
            result = self.app.post('/apis/posts', data=dict(title='test 01',
content='test 01', tags='test,cat'))
            self.assertEqual(result.status_code, 200)
```

```python
            result = self.app.post('/apis/posts', data=dict(title='test 02',
content='test 02', tags='test,dog'))
            self.assertEqual(result.status_code, 200)

    def test_get_post(self):
        with self.app:
            self.app.post(url_for('users.signin'), data=dict(email='wyun13043@
gmail.com', password='1234'))
            result = self.app.get('/apis/posts?q=test')
            self.assertEquals(len(result.json['data']), 2)

            result = self.app.get('/apis/posts')
            self.assertEquals(len(result.json['data']), 2)

            result = self.app.get('/apis/posts?q=cat')
            self.assertEquals(len(result.json['data']), 1)

    def test_update_post(self):
        with self.app:
            self.app.post(url_for('users.signin'), data=dict(email='wyun13043@
gmail.com', password='1234'))
            result = self.app.put('/apis/posts/9999', data=dict(title='test 03',
content='test 03', tags='test,dog'))
            self.assertEquals(result.status_code, 404)

            post = Post.query.first()
            result = self.app.put('/apis/posts/{}'.format(post.id),
data=dict(title='test 03', content='test 03', tags='test,dog'))
            self.assertEquals(result.status_code, 200)

            self.app.get(url_for('users.signout'))
            self.app.post(url_for('users.signin'), data=dict(email='wyun13043@
daum.net', password='1234'))
            result = self.app.put('/apis/posts/{}'.format(post.id),
data=dict(title='test 04', content='test 04', tags='test,dog'))
            self.assertEquals(result.status_code, 403)


if __name__ == '__main__':
    unittest2.main()
```

로그인을 통해 이용할 수 있는 서비스이므로 CSRF 등록을 회피하고자 다음과 같이 설정을 변경합니다. 그리고 api를 호출하기 위해 app을 선언합니다.

```
def setUp(self):
    app.config['WTF_CSRF_ENABLED'] = False
    self.app = app.test_client()
```

setup( ) 함수는 테스트 함수마다 호출됩니다. 하지만 유저를 만들어주면 기본 세팅은 한 번만 하면 되므로 한 번만 호출하는 setUpClass( ) 함수를 이용합니다. 유저는 총 2명을 생성하는데, 한 유저가 작성한 글을 다른 유저가 수정하려고 할 때 에러가 나는지 테스트하려는 것입니다.

```
@classmethod
def setUpClass(cls):
    JsonConfig.set_data('TESTING', True)
    cls.u1 = User(email='wyun13043@gmail.com', nickname='gureuso01',
password=SHA256.encrypt('1234'))
    cls.u2 = User(email='wyun13043@daum.net', nickname='gureuso02',
password=SHA256.encrypt('1234'))
    db.session.add(cls.u1)
    db.session.add(cls.u2)
    db.session.commit()
```

테스트 케이스가 전부 끝났을 때 삭제하는 tearDownClass( ) 함수를 선언합니다. JsonConfig 는 테스트 테이블을 호출하기 위한 설정입니다. 테스트가 끝나면 테스트 테이블은 필요 없으므로 False 값을 넣어줍니다.

```
@classmethod
def tearDownClass(cls):
    Tag.query.delete()
    Post.query.delete()
    User.query.delete()
    db.session.commit()
    JsonConfig.set_data('TESTING', False)
```

with self.app은 세션을 유지할 때 사용합니다. 로그인한 뒤에 api를 호출할 때 쓰이며 로그인한 뒤에는 게시글이 잘 생성되는지 테스트합니다. status_code가 200이면 성공적으로 게시글이 등록된 것입니다.

```python
def test_create_post(self):
    with self.app:
        self.app.post(url_for('users.signin'), data=dict(email='wyun13043@gmail.
com', password='1234'))
        result = self.app.post('/apis/posts', data=dict(title='test 01',
content='test 01', tags='test,cat'))
        self.assertEqual(result.status_code, 200)

        result = self.app.post('/apis/posts', data=dict(title='test 02',
content='test 02', tags='test,dog'))
        self.assertEqual(result.status_code, 200)
```

이번에는 게시글 검색 서비스를 테스트하는 코드입니다. 역시 로그인한 뒤에 api를 호출해서 게시글 검색 로직이 잘 작동하는지 테스트합니다.

```python
def test_get_post(self):
    with self.app:
        self.app.post(url_for('users.signin'), data=dict(email='wyun13043@gmail.
com', password='1234'))
        result = self.app.get('/apis/posts?q=test')
        self.assertEquals(len(result.json['data']), 2)

        result = self.app.get('/apis/posts')
        self.assertEquals(len(result.json['data']), 2)

        result = self.app.get('/apis/posts?q=cat')
        self.assertEquals(len(result.json['data']), 1)
```

게시글을 수정하는 api를 작성할 차례입니다. 첫 번째 유저가 로그인하고 글을 수정합니다. 하지만 없는 게시글을 호출하기 때문에 status_code는 404를 리턴합니다. 두 번째는 존재하는 게시글이므로 status_code는 200을 가집니다. 마지막으로, 로그아웃한 두 번째 유저가 첫 번째 유저의 작성글에 접근하려고 합니다. 이때 status_code는 403을 가리킵니다.

```python
def test_update_post(self):
    with self.app:
        self.app.post(url_for('users.signin'), data=dict(email='wyun13043@gmail.
com', password='1234'))
        result = self.app.put('/apis/posts/9999', data=dict(title='test 03',
```

```
                content='test 03', tags='test,dog'))
        self.assertEquals(result.status_code, 404)

        post = Post.query.first()
        result = self.app.put('/apis/posts/{}'.format(post.id),
data=dict(title='test 03', content='test 03', tags='test,dog'))
        self.assertEquals(result.status_code, 200)

        self.app.get(url_for('users.signout'))
        self.app.post(url_for('users.signin'), data=dict(email='wyun13043@daum.
net', password='1234'))
        result = self.app.put('/apis/posts/{}'.format(post.id),
data=dict(title='test 04', content='test 04', tags='test,dog'))
        self.assertEquals(result.status_code, 403)
```

## CHAPTER 5

플라스크로 쇼핑몰 만들기

지금까지 영화 예매 사이트와 블로그를 만들어봤습니다. 이제 플라스크에 꽤 익숙해지지 않으셨나요? 데이터베이스 설계에도 상당히 익숙해졌을 겁니다. 이번 절에서는 플라스크로 쇼핑몰을 만들어보겠습니다. 만들면 만들수록 복잡해지는 쇼핑몰은 설계자의 능력을 테스트할 수 있는 좋은 예제입니다. 최소한의 기능을 만들어보면서 플라스크와 데이터베이스 설계 능력을 키워봅니다.

5.1 플라스크 세팅하기

먼저 git clone 명령어로 예제를 내려받습니다.

```
C:\Users\wyun1>git clone https://github.com/gureuso/flask-shop.git
```

virtualenv 명령어로 가상환경을 설정한 뒤에 pip 명령어로 필요한 패키지들을 설치합니다.

```
C:\Users\wyun1\flask-shop>virtualenv venv
C:\Users\wyun1\flask-shop>call venv\Scripts\activate
(venv) C:\Users\wyun1\flask-shop>pip install -r requirements.txt
```

config.json을 만들고 데이터베이스 정보를 입력합니다. RDS를 쓰고 있다면 마스터 아이디와 비밀번호, 엔드포인트를 입력합니다.

```
config.json
{
    "APP_MODE": "development",
    "DB_NAME": "flask_shop",
"DB_USER_NAME": "root",
"DB_USER_PASSWD": "password",
    "DB_HOST": "localhost",
    "TESTING": false
}
```

실습을 실시간으로 보기 위해 웹 서버를 실행합니다.

```
(venv) C:\Users\wyun1\flask-shop>python manage.py runserver
```

5.2 쇼핑몰 데이터베이스 설계하기

다음 그림은 쇼핑몰 데이터베이스 다이어그램입니다. 총 6개의 테이블을 볼 수 있습니다. 그럼 지금부터 하나씩 살펴보면서 데이터베이스를 설계해보겠습니다.

- users: 유저 테이블
- deliveries: 배송지 테이블
- categories: 카테고리 테이블
- products: 상품 테이블
- carts: 장바구니 테이블
- orders: 주문목록 테이블

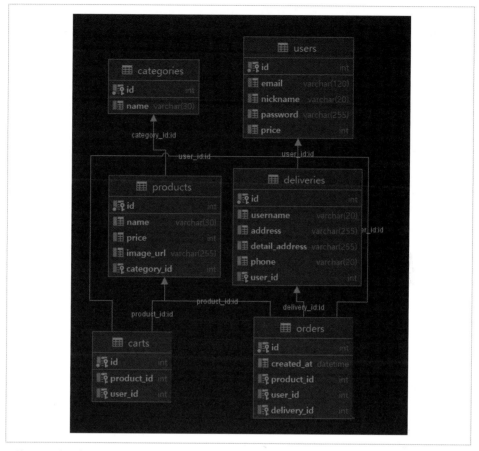

그림 5-1 쇼핑몰 데이터베이스 다이어그램

쇼핑몰을 이용할 때 반드시 로그인할 필요는 없습니다. 다만 장바구니 및 구매하기와 같은 기능을 이용하려면 로그인해야 합니다. 이때 사용할 users 테이블을 만들었습니다. 다음으로, 구매할 때는 물품을 받아볼 배송지를 입력해야 하므로 deliveries 테이블을 만들어줍니다. 제품들은 분류가 필요하므로 분류할 수 있도록 categories 테이블을 만들어줍니다. 이렇게 카테고리가 있으면 제품도 있어야 하므로 products 테이블을 만들어 줍니다. 마지막으로 장바구니와 주문 내역을 볼 수 있게 각각 carts 테이블과 orders 테이블을 만들어 줍니다. 이해가 되셨나요?

그럼 처음부터 하나씩 짚어보면서 설계해보겠습니다. 먼저 다음과 같이 회원 정보를 저장하는 users 테이블을 만들어줍니다. 그리고 회원을 식별하는 email, 자신을 나타내는 nickname, 물건을 구매할 수 있는 point 칼럼을 만들어줍니다.

```
apps/database/models.py
class UserMixin:
    id = db.Column(db.Integer, primary_key=True, autoincrement=True)
    email = db.Column(db.String(120), unique=True)
    nickname = db.Column(db.String(20), unique=True)
    password = db.Column(db.String(255))
    point = db.Column(db.Integer)


class TestUserModel(UserMixin, flask_login.UserMixin, db.Model):
    __tablename__ = 'test_users'


class UserModel(UserMixin, flask_login.UserMixin, db.Model):
    __tablename__ = 'users'

    test_model = TestUserModel


User = get_model(UserModel)
```

물품을 받으려면 배송지를 입력하는 deliveries 테이블이 있어야 합니다. 이때 성함, 주소, 상세주소, 전화번호 등을 입력받는 username, address, detail_address, phone을 함께 만들어 줍니다.

```
apps/database/models.py
class DeliveryMixin:
    id = db.Column(db.Integer, primary_key=True, autoincrement=True)
    username = db.Column(db.String(20))
    address = db.Column(db.String(255))
    detail_address = db.Column(db.String(255))
    phone = db.Column(db.String(20))


class TestDeliveryModel(DeliveryMixin, db.Model):
    __tablename__ = 'test_deliveries'

    user_id = db.Column(db.Integer(), db.ForeignKey('test_users.id'))

    orders = db.relationship('TestOrderModel', backref='delivery')
```

```python
class DeliveryModel(DeliveryMixin, db.Model):
    __tablename__ = 'deliveries'

    user_id = db.Column(db.Integer(), db.ForeignKey('users.id'))

    orders = db.relationship('OrderModel', backref='delivery')

    test_model = TestCartModel


Delivery = get_model(DeliveryModel)
```

이렇게 수많은 물품이 기준 없이 나열되면 사용자는 원하는 제품을 빠르게 찾을 수 없습니다. 따라서 물품 분류를 위해 category 테이블을 만들고 카테고리 이름(name)을 만들어줍니다.

```python
apps/database/models.py
class CategoryMixin:
    id = db.Column(db.Integer, primary_key=True, autoincrement=True)
    name = db.Column(db.String(30), unique=True)


class TestCategoryModel(CategoryMixin, db.Model):
    __tablename__ = 'test_categories'

    products = db.relationship('TestProductModel', backref='category')


class CategoryModel(CategoryMixin, db.Model):
    __tablename__ = 'categories'

    products = db.relationship('ProductModel', backref='category')

    test_model = TestCategoryModel


Category = get_model(CategoryModel)
```

다음은 제일 중요한 product 테이블입니다. 기본적으로 제품 정보가 들어가야 하므로 name, price, image_url 칼럼을 추가합니다. 그리고 category_id를 외래키로 지정해 연결합니다.

```
apps/database/models.py
class ProductMixin:
    id = db.Column(db.Integer, primary_key=True, autoincrement=True)
    name = db.Column(db.String(30))
    price = db.Column(db.Integer)
    image_url = db.Column(db.String(255))


class TestProductModel(ProductMixin, db.Model):
    __tablename__ = 'test_products'

    category_id = db.Column(db.Integer(), db.ForeignKey('test_categories.id'))

    carts = db.relationship('TestCartModel', backref='product')
    orders = db.relationship('TestOrderModel', backref='product')


class ProductModel(ProductMixin, db.Model):
    __tablename__ = 'products'

    category_id = db.Column(db.Integer(), db.ForeignKey('categories.id'))

    carts = db.relationship('CartModel', backref='product')
    orders = db.relationship('OrderModel', backref='product')

    test_model = TestProductModel


Product = get_model(ProductModel)
```

> **TIP**
>
> MySQL에서 외래키란 다른 테이블의 행을 찾을 수 있게 해주는 키를 말합니다.

cart 테이블의 경우에는 누가 카트에 물건을 넣었는지 알기 위해 user_id를 외래키로 받습니다. 또한 어떤 물건을 담았는지도 알아야 하므로 product_id를 외래키로 받습니다.

```
apps/database/models.py
class CartMixin:
    id = db.Column(db.Integer, primary_key=True, autoincrement=True)
```

```python
class TestCartModel(CartMixin, db.Model):
    __tablename__ = 'test_carts'

    product_id = db.Column(db.Integer(), db.ForeignKey('test_products.id'))
    user_id = db.Column(db.Integer(), db.ForeignKey('test_users.id'))


class CartModel(CartMixin, db.Model):
    __tablename__ = 'carts'

    product_id = db.Column(db.Integer(), db.ForeignKey('products.id'))
    user_id = db.Column(db.Integer(), db.ForeignKey('users.id'))

    test_model = TestCartModel


Cart = get_model(CartModel)
```

order 테이블은 product_id, user_id, delivery_id를 입력받습니다. 그리고 created_at을 지정하는데 GROUP BY created_at을 통해 여러 개의 오더를 묶어줍니다.

```python
apps/database/models.py
class OrderMixin:
    id = db.Column(db.Integer, primary_key=True, autoincrement=True)
    created_at = db.Column(db.DateTime, default=datetime.now())


class TestOrderModel(OrderMixin, db.Model):
    __tablename__ = 'test_orders'

    product_id = db.Column(db.Integer(), db.ForeignKey('test_products.id'))
    user_id = db.Column(db.Integer(), db.ForeignKey('test_users.id'))
    delivery_id = db.Column(db.Integer(), db.ForeignKey('test_deliveries.id'))


class OrderModel(OrderMixin, db.Model):
    __tablename__ = 'orders'

    product_id = db.Column(db.Integer(), db.ForeignKey('products.id'))
    user_id = db.Column(db.Integer(), db.ForeignKey('users.id'))
    delivery_id = db.Column(db.Integer(), db.ForeignKey('deliveries.id'))
```

```
        test_model = TestCartModel


    Order = get_model(OrderModel)
```

다음은 설계한 테이블 전체를 보여주는 코드입니다.

```
apps/database/models.py
# -*- coding: utf-8 -*-
from datetime import datetime

import flask_login

from apps.database.session import db, login_manager
from config import JsonConfig


def get_model(model):
    if JsonConfig.get_data('TESTING'):
        return model.test_model
    return model


class TestMixin:
    id = db.Column(db.Integer, primary_key=True, autoincrement=True)
    message = db.Column(db.String(120))


class TestTestModel(TestMixin, db.Model):
    __tablename__ = 'test_tests'


class TestModel(TestMixin, db.Model):
    __tablename__ = 'tests'

    test_model = TestTestModel


Test = get_model(TestModel)


class CategoryMixin:
```

```python
    id = db.Column(db.Integer, primary_key=True, autoincrement=True)
    name = db.Column(db.String(30), unique=True)


class TestCategoryModel(CategoryMixin, db.Model):
    __tablename__ = 'test_categories'

    products = db.relationship('TestProductModel', backref='category')


class CategoryModel(CategoryMixin, db.Model):
    __tablename__ = 'categories'

    products = db.relationship('ProductModel', backref='category')

    test_model = TestCategoryModel


Category = get_model(CategoryModel)


class ProductMixin:
    id = db.Column(db.Integer, primary_key=True, autoincrement=True)
    name = db.Column(db.String(30))
    price = db.Column(db.Integer)
    image_url = db.Column(db.String(255))


class TestProductModel(ProductMixin, db.Model):
    __tablename__ = 'test_products'

    category_id = db.Column(db.Integer(), db.ForeignKey('test_categories.id'))

    carts = db.relationship('TestCartModel', backref='product')
    orders = db.relationship('TestOrderModel', backref='product')


class ProductModel(ProductMixin, db.Model):
    __tablename__ = 'products'

    category_id = db.Column(db.Integer(), db.ForeignKey('categories.id'))

    carts = db.relationship('CartModel', backref='product')
    orders = db.relationship('OrderModel', backref='product')
```

```python
    test_model = TestProductModel


Product = get_model(ProductModel)


class CartMixin:
    id = db.Column(db.Integer, primary_key=True, autoincrement=True)


class TestCartModel(CartMixin, db.Model):
    __tablename__ = 'test_carts'

    product_id = db.Column(db.Integer(), db.ForeignKey('test_products.id'))
    user_id = db.Column(db.Integer(), db.ForeignKey('test_users.id'))


class CartModel(CartMixin, db.Model):
    __tablename__ = 'carts'

    product_id = db.Column(db.Integer(), db.ForeignKey('products.id'))
    user_id = db.Column(db.Integer(), db.ForeignKey('users.id'))

    test_model = TestCartModel


Cart = get_model(CartModel)


class OrderMixin:
    id = db.Column(db.Integer, primary_key=True, autoincrement=True)
    created_at = db.Column(db.DateTime, default=datetime.now())


class TestOrderModel(OrderMixin, db.Model):
    __tablename__ = 'test_orders'

    product_id = db.Column(db.Integer(), db.ForeignKey('test_products.id'))
    user_id = db.Column(db.Integer(), db.ForeignKey('test_users.id'))
    delivery_id = db.Column(db.Integer(), db.ForeignKey('test_deliveries.id'))


class OrderModel(OrderMixin, db.Model):
    __tablename__ = 'orders'
```

```python
    product_id = db.Column(db.Integer(), db.ForeignKey('products.id'))
    user_id = db.Column(db.Integer(), db.ForeignKey('users.id'))
    delivery_id = db.Column(db.Integer(), db.ForeignKey('deliveries.id'))

    test_model = TestCartModel


Order = get_model(OrderModel)


class DeliveryMixin:
    id = db.Column(db.Integer, primary_key=True, autoincrement=True)
    username = db.Column(db.String(20))
    address = db.Column(db.String(255))
    detail_address = db.Column(db.String(255))
    phone = db.Column(db.String(20))


class TestDeliveryModel(DeliveryMixin, db.Model):
    __tablename__ = 'test_deliveries'

    user_id = db.Column(db.Integer(), db.ForeignKey('test_users.id'))

    orders = db.relationship('TestOrderModel', backref='delivery')


class DeliveryModel(DeliveryMixin, db.Model):
    __tablename__ = 'deliveries'

    user_id = db.Column(db.Integer(), db.ForeignKey('users.id'))

    orders = db.relationship('OrderModel', backref='delivery')

    test_model = TestCartModel


Delivery = get_model(DeliveryModel)


class UserMixin:
    id = db.Column(db.Integer, primary_key=True, autoincrement=True)
    email = db.Column(db.String(120), unique=True)
    nickname = db.Column(db.String(20), unique=True)
    password = db.Column(db.String(255))
```

```python
    point = db.Column(db.Integer)


class TestUserModel(UserMixin, flask_login.UserMixin, db.Model):
    __tablename__ = 'test_users'


class UserModel(UserMixin, flask_login.UserMixin, db.Model):
    __tablename__ = 'users'

    test_model = TestUserModel


User = get_model(UserModel)


@login_manager.user_loader
def member_loader(user_id):
    return User.query.filter(User.id == user_id).first()
```

migrate 명령어로 다음과 같이 테이블 쿼리들을 생성합니다.

```
(venv) C:\Users\wyun1\flask-shop>python manage.py db migrate
INFO  [alembic.runtime.migration] Context impl MySQLImpl.
INFO  [alembic.runtime.migration] Will assume non-transactional DDL.
INFO  [alembic.autogenerate.compare] Detected added table 'categories'
INFO  [alembic.autogenerate.compare] Detected added table 'test_categories'
INFO  [alembic.autogenerate.compare] Detected added table 'test_tests'
INFO  [alembic.autogenerate.compare] Detected added table 'test_users'
INFO  [alembic.autogenerate.compare] Detected added table 'tests'
INFO  [alembic.autogenerate.compare] Detected added table 'users'
INFO  [alembic.autogenerate.compare] Detected added table 'deliveries'
INFO  [alembic.autogenerate.compare] Detected added table 'products'
INFO  [alembic.autogenerate.compare] Detected added table 'test_deliveries'
INFO  [alembic.autogenerate.compare] Detected added table 'test_products'
INFO  [alembic.autogenerate.compare] Detected added table 'carts'
INFO  [alembic.autogenerate.compare] Detected added table 'orders'
INFO  [alembic.autogenerate.compare] Detected added table 'test_carts'
INFO  [alembic.autogenerate.compare] Detected added table 'test_orders'
Generating C:\Users\wyun1\Documents\PyCharm\flask-shop\migrations\versions\
b6dfe9ec795b_.py ...  done
```

upgrade 명령어로 실제 테이블을 생성합니다.

```
(venv) C:\Users\wyun1\flask-shop>python manage.py db upgrade
INFO  [alembic.runtime.migration] Context impl MySQLImpl.
INFO  [alembic.runtime.migration] Will assume non-transactional DDL.
INFO  [alembic.runtime.migration] Running upgrade  -> b6dfe9ec795b, empty message
```

5.3 쇼핑몰 카테고리 만들기

쇼핑몰 화면의 상단에서 다음과 같이 카테고리를 찾아볼 수 있습니다. 다만 아직 카테고리를 생성하지 않았으므로 지금은 All이라는 텍스트만 보입니다.

그림 5-2 쇼핑몰 카테고리

그림 5-3 쇼핑몰 카테고리2

다음과 같이 데이터를 넣어줍니다.

```
INSERT INTO categories(name) value("jeans");
INSERT INTO categories(name) value("tshirt");
```

화면을 갱신하면 카테고리가 추가된 것을 확인할 수 있습니다.

그림 5-4 쇼핑몰 카테고리 3

header.html에 카테고리를 나열하는 코드가 다음과 같이 추가되었기 때문에 보이는 것입니다.

```
templates/layout/header.html
{% for category in categories %}
  <li class="nav-item">
    <a class="nav-link active" href="{{ url_for('category.get_category', category_
id=category.id) }}">{{ category.name.upper() }}</a>
  </li>
{% endfor %}
```

5.4 쇼핑몰 제품 목록 만들기

제품이 보여야 할 공간에 아직 아무것도 없습니다.

그림 5-5 쇼핑몰 제품 목록

여기에 데이터를 추가해보겠습니다. 이때 [more] 버튼을 클릭하면 제품을 더 볼 수 있어야 하므로 데이터를 많이 추가했습니다

```
INSERT INTO products(name, price, image_url, category_id) value("p1", 45000, "/
static/img/product02.png", 1);
INSERT INTO products(name, price, image_url, category_id) value("p2", 45000, "/
static/img/product02.png", 1);
INSERT INTO products(name, price, image_url, category_id) value("p3", 45000, "/
static/img/product02.png", 1);
INSERT INTO products(name, price, image_url, category_id) value("p4", 45000, "/
static/img/product02.png", 1);
INSERT INTO products(name, price, image_url, category_id) value("p5", 45000, "/
static/img/product02.png", 1);
INSERT INTO products(name, price, image_url, category_id) value("p6", 45000, "/
static/img/product02.png", 1);
INSERT INTO products(name, price, image_url, category_id) value("p7", 45000, "/
static/img/product02.png", 1);
INSERT INTO products(name, price, image_url, category_id) value("p8", 45000, "/
static/img/product02.png", 1);
INSERT INTO products(name, price, image_url, category_id) value("p9", 45000, "/
static/img/product02.png", 1);
INSERT INTO products(name, price, image_url, category_id) value("p10", 45000, "/
static/img/product02.png", 1);
INSERT INTO products(name, price, image_url, category_id) value("p11", 45000, "/
static/img/product02.png", 1);
INSERT INTO products(name, price, image_url, category_id) value("p12", 45000, "/
static/img/product02.png", 1);
INSERT INTO products(name, price, image_url, category_id) value("p13", 45000, "/
static/img/product02.png", 1);
INSERT INTO products(name, price, image_url, category_id) value("p14", 45000, "/
static/img/product02.png", 1);
INSERT INTO products(name, price, image_url, category_id) value("p15", 45000, "/
static/img/product02.png", 1);
INSERT INTO products(name, price, image_url, category_id) value("p16", 45000, "/
static/img/product02.png", 1);
INSERT INTO products(name, price, image_url, category_id) value("p17", 45000, "/
static/img/product02.png", 1);
INSERT INTO products(name, price, image_url, category_id) value("p18", 45000, "/
static/img/product02.png", 1);
INSERT INTO products(name, price, image_url, category_id) value("p19", 45000, "/
static/img/product02.png", 1);
INSERT INTO products(name, price, image_url, category_id) value("p20", 45000, "/
static/img/product02.png", 1);
```

```
INSERT INTO products(name, price, image_url, category_id) value("p21", 45000, "/
static/img/product02.png", 1);
INSERT INTO products(name, price, image_url, category_id) value("p22", 45000, "/
static/img/product02.png", 1);
INSERT INTO products(name, price, image_url, category_id) value("p23", 45000, "/
static/img/product02.png", 1);
INSERT INTO products(name, price, image_url, category_id) value("p24", 45000, "/
static/img/product02.png", 1);

INSERT INTO products(name, price, image_url, category_id) value("p1", 35000, "/
static/img/product01.png", 2);
INSERT INTO products(name, price, image_url, category_id) value("p2", 35000, "/
static/img/product01.png", 2);
INSERT INTO products(name, price, image_url, category_id) value("p3", 35000, "/
static/img/product01.png", 2);
INSERT INTO products(name, price, image_url, category_id) value("p4", 35000, "/
static/img/product01.png", 2);
INSERT INTO products(name, price, image_url, category_id) value("p5", 35000, "/
static/img/product01.png", 2);
INSERT INTO products(name, price, image_url, category_id) value("p6", 35000, "/
static/img/product01.png", 2);
INSERT INTO products(name, price, image_url, category_id) value("p7", 35000, "/
static/img/product01.png", 2);
INSERT INTO products(name, price, image_url, category_id) value("p8", 35000, "/
static/img/product01.png", 2);
INSERT INTO products(name, price, image_url, category_id) value("p9", 35000, "/
static/img/product01.png", 2);
INSERT INTO products(name, price, image_url, category_id) value("p10", 35000, "/
static/img/product01.png", 2);
INSERT INTO products(name, price, image_url, category_id) value("p11", 35000, "/
static/img/product01.png", 2);
INSERT INTO products(name, price, image_url, category_id) value("p12", 35000, "/
static/img/product01.png", 2);
INSERT INTO products(name, price, image_url, category_id) value("p13", 35000, "/
static/img/product01.png", 2);
INSERT INTO products(name, price, image_url, category_id) value("p14", 35000, "/
static/img/product01.png", 2);
INSERT INTO products(name, price, image_url, category_id) value("p15", 35000, "/
static/img/product01.png", 2);
INSERT INTO products(name, price, image_url, category_id) value("p16", 35000, "/
static/img/product01.png", 2);
INSERT INTO products(name, price, image_url, category_id) value("p17", 35000, "/
static/img/product01.png", 2);
INSERT INTO products(name, price, image_url, category_id) value("p18", 35000, "/
```

```
static/img/product01.png", 2);
INSERT INTO products(name, price, image_url, category_id) value("p19", 35000, "/
static/img/product01.png", 2);
INSERT INTO products(name, price, image_url, category_id) value("p20", 35000, "/
static/img/product01.png", 2);
INSERT INTO products(name, price, image_url, category_id) value("p21", 35000, "/
static/img/product01.png", 2);
INSERT INTO products(name, price, image_url, category_id) value("p22", 35000, "/
static/img/product01.png", 2);
INSERT INTO products(name, price, image_url, category_id) value("p23", 35000, "/
static/img/product01.png", 2);
INSERT INTO products(name, price, image_url, category_id) value("p24", 35000, "/
static/img/product01.png", 2);
```

데이터 입력이 끝나면 다시 메인 페이지로 돌아가보겠습니다. 데이터가 잘 들어가서 화면에 제대로 출력되는 것을 확인할 수 있습니다.

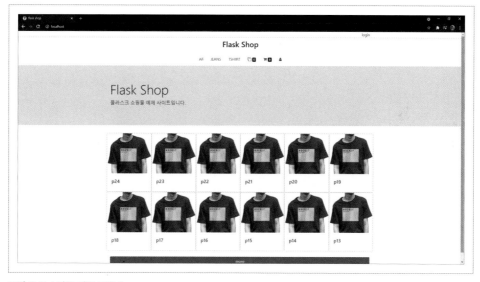

그림 5-6 쇼핑몰 제품 목록 2

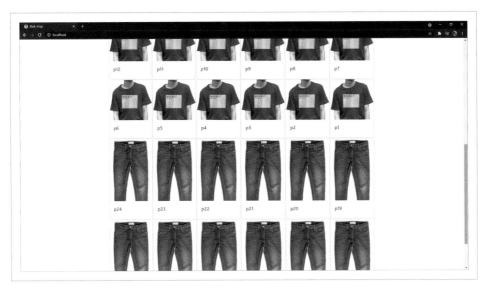

그림 5-7 쇼핑몰 제품 목록 3

이때 다음과 같이 코드에서 12라는 수를 지정하여 실제로 제품을 12개씩 호출하는 것을 확인할 수 있습니다.

```
apps/controllers/apis/products/controllers.py
@app.route('', methods=['GET'])
def products():
    args = request.args
    page = int(args.get('page', 1))
    category_id = args.get('category_id')

    products = Product.query
    if category_id:
        products = products.filter(Product.category_id == category_id)
    products = products.order_by(Product.id.desc()).offset(page*12).limit(12).
all()
    return ok([dict(id=p.id, name=p.name, category_id=p.category_id, image_url=p.
image_url) for p in products])
```

카테고리도 다음과 같이 잘 작동하는 것을 볼 수 있습니다.

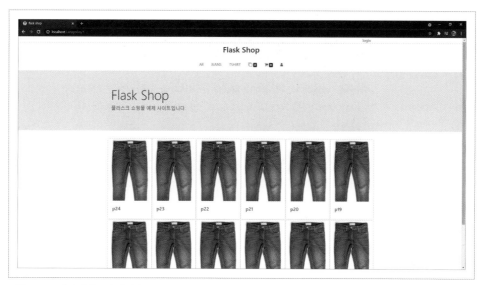

그림 5-8 쇼핑몰 카테고리 페이지

그림 5-9 쇼핑몰 카테고리 페이지 2

코드를 살펴보면 /categories/category_id로 접근합니다. 그리고 category_id 기준으로 제품을 찾아서 리턴합니다.

```
apps/controllers/categories/controllers.py
@app.route('/<int:category_id>', methods=['GET'])
def get_category(category_id):
    categories = Category.query.all()
    category = Category.query.filter(Category.id == category_id).first()
    products = Product.query.filter(Product.category_id == category_id).order_
by(Product.id.desc()).limit(12).all()
    return render_template('category/detail.html', categories=categories,
products=products, category=category,
                            orders=get_orders(), carts=get_carts())
```

5.5 쇼핑몰 배송지 만들기

/users/profile로 접근하면 다음과 같이 배송지를 입력받는 폼을 볼 수 있습니다.

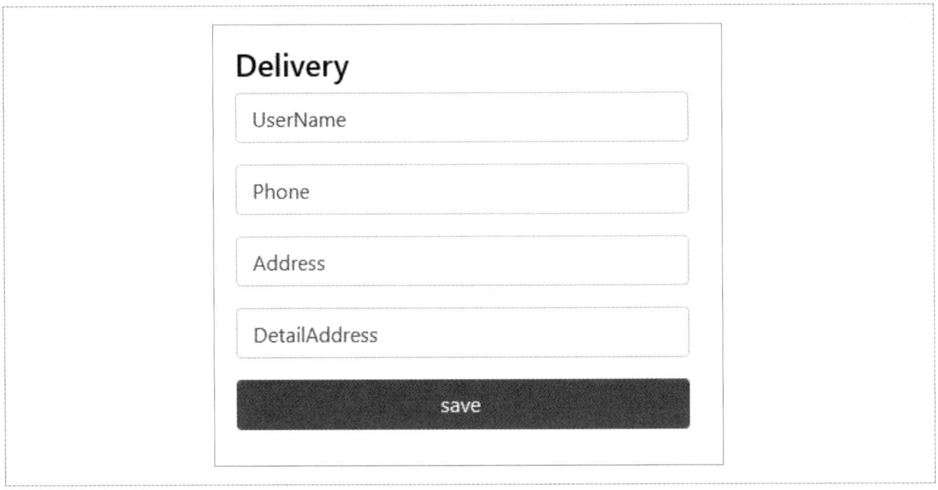

그림 5-10 쇼핑몰 배송지 화면

다음은 프로필 유효성 검사 코드입니다.

```
apps/controllers/users/forms.py
class ProfileForm(FlaskForm):
```

```
    username = StringField('username', validators=[DataRequired(message='필숫값입
니다.'),
                                                    Length(max=30, message='30자를
넘을 수 없습니다.')])
    address = StringField('address', validators=[DataRequired(message='필숫값입니
다.'),
                                                  Length(max=255, message='255자를
넘을 수 없습니다.')])
    phone = StringField('phone', validators=[DataRequired(message='필숫값입니
다.'),
                                              Length(max=20, message='20자를 넘을
수 없습니다.')])
    detail_address = StringField('detail_address', validators=[DataRequired(messag
e='필숫값입니다.'),
                                                               Length(max=255,
message='255자를 넘을 수 없습니다.')])
```

다음은 배송지 데이터를 검사하고 저장하는 코드입니다.

```
apps/controllers/users/controllers.py
@app.route('/profile', methods=['GET', 'POST'])
@signin_required
def profile():
    form = ProfileForm()

    delivery = Delivery.query.filter(Delivery.user_id == current_user.id).first()
    if form.validate_on_submit():
        if delivery:
            delivery.username = form.username.data
            delivery.phone = form.phone.data
            delivery.address = form.address.data
            delivery.detail_address = form.detail_address.data
        else:
            delivery = Delivery(username=form.username.data, address=form.address.
data,
                                detail_address=form.detail_address.data,
phone=form.phone.data,
                                user_id=current_user.id)
        db.session.add(delivery)
        db.session.commit()
        return redirect(url_for('index.index'))
```

```
    if delivery:
        form.username.data = delivery.username
        form.phone.data = delivery.phone
        form.address.data = delivery.address
        form.detail_address.data = delivery.detail_address

    categories = Category.query.all()
    orders = Order.query.filter(Order.user_id == current_user.id).all()
    return render_template('users/profile.html', categories=categories,
orders=orders, carts=get_carts(), form=form)
```

이 코드에서 form.validate_on_submit()은 폼 값이 정상적으로 들어 왔을 때 True를 리턴합니다. 이전에 저장한 기록이 있을 때는 덮어쓰고 없으면 새로 만듭니다.

```
    if form.validate_on_submit():
```

5.6 쇼핑몰 장바구니 만들기

제품을 클릭하면 제품 상세 페이지로 이동합니다. 여기에 장바구니 기능이 있는데 클릭하면 장바구니로 이동할지 물어봅니다.

그림 5-11 쇼핑몰 장바구니 기능

그림 5-12 쇼핑몰 장바구니 기능 2

장바구니로 이동하면 지금까지 장바구니에 추가한 제품 목록을 볼 수 있습니다.

그림 5-13 쇼핑몰 장바구니 기능 3

제품을 담았을 때 제품의 개수도 바꿀 수 있어야 합니다. 그러면 price와 count 값이 바뀌는 것을 확인할 수 있습니다.

그림 5-14 쇼핑몰 장바구니 기능 4

5.7 쇼핑몰 구매하기 만들기

다음 코드는 구매하기 api입니다. product_id와 product_cnt를 쉼표(,)로 구분해서 입력받습니다. 그 뒤에 배열로 바꾼 다음 로직을 수행합니다.

```
apps/controllers/apis/orders/controllers.py
@app.route('', methods=['POST'])
@api_signin_required
def create_order():
    form = request.form
    product_ids = form['product_ids'].split(',')
    product_cnt = form['product_cnt'].split(',')

    delivery = Delivery.query.filter(Delivery.user_id == current_user.id).first()
    if not delivery:
        return error(40000)

    total_price = 0
    for product_id in product_ids:
        product = Product.query.filter(Product.id == product_id).first()
        if not product:
            return error(40000)
        total_price += product.price

    if current_user.point < total_price:
        return error(40000)

    now = datetime.now()
    for idx, product_id in enumerate(product_ids):
        for _ in range(int(product_cnt[idx])):
            order = Order(product_id=product_id, user_id=current_user.id,
delivery_id=delivery.id, created_at=now)
            db.session.add(order)

    Cart.query.filter(Cart.user_id == current_user.id).delete()
    db.session.commit()
    return ok()
```

product_id가 올바른지 체크한 뒤에 total_price에 제품 가격을 추가합니다.

```
apps/controllers/apis/orders/controllers.py
total_price = 0
for product_id in product_ids:
    product = Product.query.filter(Product.id == product_id).first()
    if not product:
        return error(40000)
    total_price += product.price
```

현재 포인트보다 제품 가격이 클 경우 에러를 리턴합니다.

```
apps/controllers/apis/orders/controllers.py
if current_user.point < total_price:
    return error(40000)
```

created_at에 now() 함수를 넣어줍니다. 추후 주문 내역을 묶을 때 필요합니다. 마지막으로 cart 테이블 데이터를 모두 삭제합니다. 장바구니에서 구입할 때 장바구니가 비워지는 것과 일치합니다.

```
apps/controllers/apis/orders/controllers.py
now = datetime.now()
for idx, product_id in enumerate(product_ids):
    for _ in range(int(product_cnt[idx])):
        order = Order(product_id=product_id, user_id=current_user.id, delivery_id=delivery.id, created_at=now)
        db.session.add(order)

Cart.query.filter(Cart.user_id == current_user.id).delete()
db.session.commit()
```

장바구니에서 [구매하기] 버튼을 클릭합니다.

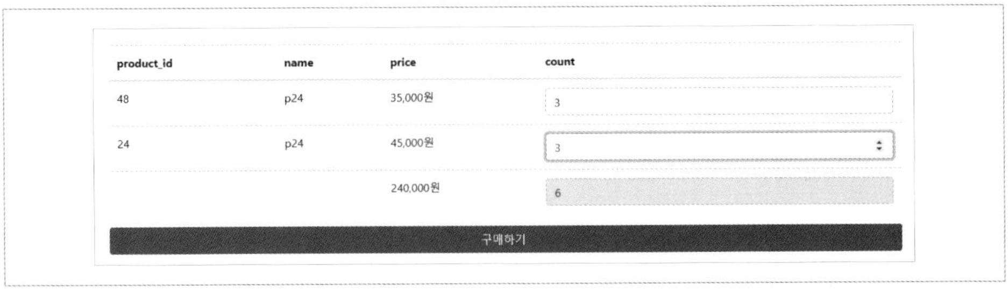

그림 5-15 쇼핑몰 구매하기 화면

구매할 때 공통적으로 created_at 칼럼에 데이터가 들어갑니다. 따라서 주문이 여럿 발생해도 GROUP BY created_at을 통해 한 오더로 묶을 수 있습니다.

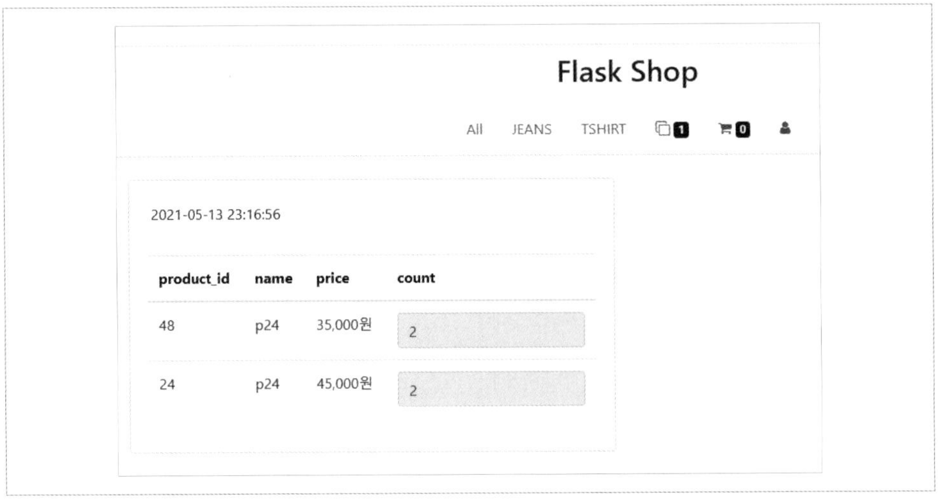

그림 5-16 쇼핑몰 구매하기 화면 2

## CHAPTER 6

플라스크 배포

지금까지 플라스크로 개발하고 테스트하는 법을 배웠습니다. 이번 장에서는 플라스크 애플리케이션을 배포하는 법을 배웁니다. 실제로 배포하게 되면 지금까지는 로컬에서 본인만 확인할 수 있었던 것과 달리 외부에서도 접속할 수 있게 되므로 다른 사람도 해당 서비스를 이용할 수 있습니다.

그럼 지금부터 플라스크로 만든 애플리케이션을 배포하는 법을 살펴봅시다.

6.1 AWS 엘라스틱 빈스토크를 이용한 배포

지금까지는 웹 서비스를 실제로 배포하려면 서버를 구축해야 했습니다. 언어에 맞는 패키지를 설치해야 했고 아파치 혹은 엔진엑스를 연결해야 했습니다. 하지만 AWS 엘라스틱 빈스토크 Elastic Beanstalk는 이러한 고민을 전부 해결해줍니다. 소스 코드를 업로드하는 것만으로도 서비스를 배포할 수 있고 AWS EC2로 돌아가 오토스케일링, 로드밸런서 등을 연결할 수 있습니다.

그럼 AWS 엘라스틱 빈스토크로 플라스크 애플리케이션을 배포하는 법을 배워보겠습니다.

6.1.1 Dockerfile을 이용한 배포

AWS 엘라스틱 빈스토크는 다양한 언어로 배포할 수 있습니다. 하지만 파이썬에서는 3.8 버전까지만 지원합니다. 따라서 이 책에서는 최신 버전도 설치할 수 있는 도커^{Docker} 기반으로 애플리케이션 배포하는 법을 배워보겠습니다.

먼저 AWS 엘라스틱 빈스토크로 이동하고 서울 리전을 확인합니다. 그 뒤에 [Create Application] 버튼을 클릭합니다.

그림 6-1 엘라스틱 빈스토크 생성

애플리케이션 이름을 지정한 뒤에 플랫폼 〉 Docker를 선택합니다.

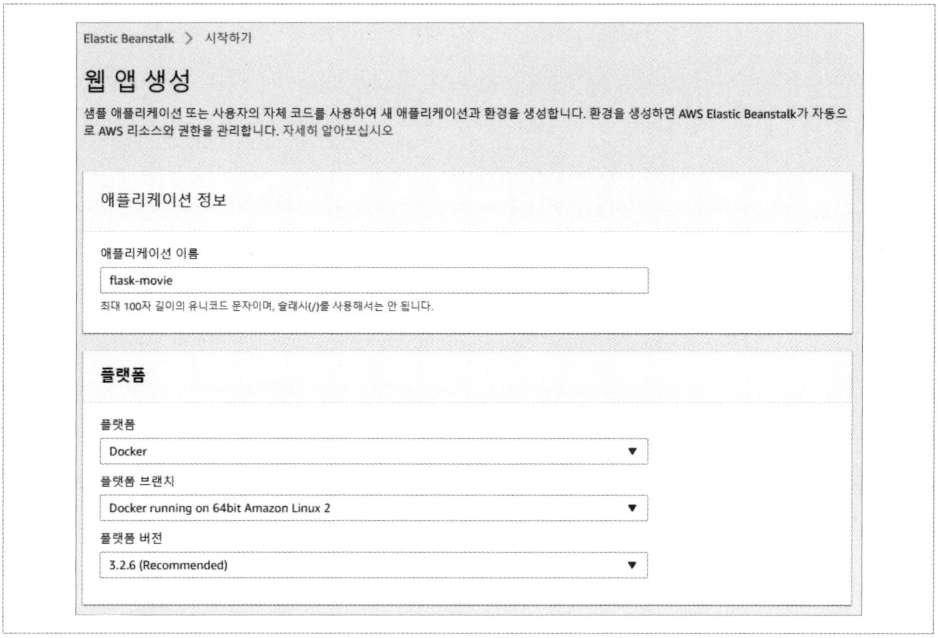

그림 6-2 엘라스틱 빈스토크 생성 2

애플리케이션 코드 〉 코드 업로드를 선택합니다. 그럼 소스 코드 오리진이 나타나는데 이때 소스 코드 오리진 〉 로컬 파일을 선택합니다. 하지만 아직 업로드할 폴더를 만들지 않아 선택할 폴더가 없습니다.

그림 6-3 엘라스틱 빈스토크 생성 3

그럼 압축 폴더를 만들어 보겠습니다. 앞 장에서 만든 영화 예매 사이트 예제를 배포하면 좋겠습니다. 해당 폴더로 이동합니다.

그림 6-4 엘라스틱 빈스토크 생성 4

폴더 목록을 확인해보면 .git, .idea, __pycache__, venv와 같은 필요 없는 폴더가 보입니다. 제외해주고 파일과 폴더들을 선택해줍니다. 그리고 우클릭 〉 보내기 〉 압축폴더를 선택합니다. 폴더 이름은 flask-movie로 해줍니다. 이어서 Flask-mvoie.zip 폴더를 업로드합니다.

그림 6-5 엘라스틱 빈스토크 생성 5

다음과 같은 생성 화면이 나옵니다. 약 5~10분 정도 걸릴 수 있으므로 조금 기다려줍니다.

그림 6-6 엘라스틱 빈스토크 생성 6

이때 생성 순서도는 다음 그림과 같습니다. 처음에 Create Application을 진행하고 나면 그림과 같은 순서대로 배포가 이루어집니다. 나중에는 코드를 업로드해서 새로운 버전을 배포하는데, 그때는 Create Application을 거치지 않고 Upload Version부터 진행됩니다.

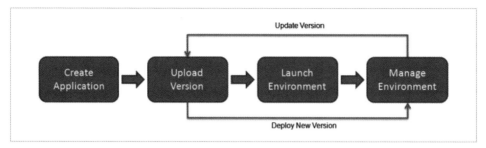

그림 6-7 엘라스틱 빈스토크 생성 순서도

업로드가 끝났습니다. 잘 작동하는지 확인하고자 생성된 URL로 들어가보겠습니다.

그림 6-8 엘라스틱 빈스토크 URL 확인

다음과 같이 잘 작동하는 것을 볼 수 있습니다. 그런데 혹시 의문이 생기지는 않았나요? 코드만 업로드 했는데 어떻게 도커에서 알아서 배포되고 애플리케이션을 이용할 수 있게 되었는지에 관한 의문 말입니다. 바로 Dockerfile이 있기에 가능한 작업이었습니다.

그림 6-9 엘라스틱 빈스토크 URL 접속

그러면 다음 Dockerfile을 살펴보면서 어떻게 배포가 되었는지 배워봅시다.

```
Dockerfile
FROM python:3.9
MAINTAINER gureuso <wyun13043@gmail.com>

USER root
WORKDIR /root

# base
RUN apt-get -y update
RUN apt-get -y install python3-pip

# flask
WORKDIR /root/flask-movie
COPY ./ /root/flask-movie
RUN pip install virtualenv
RUN virtualenv venv
RUN . venv/bin/activate
RUN pip install -r requirements.txt

CMD python manage.py runserver

EXPOSE 80
```

방금 살펴본 명령어의 역할은 다음과 같습니다. 더 자세한 명령어를 알고 싶다면 다음 링크 (http://pyrasis.com/docker.html)를 참고해주세요.

명령어	설명
FROM	어떤 이미지를 기반으로 생성할지 정합니다.
MAINTAINER	이미지를 생성한 사람의 정보를 설정합니다.
USER	어떤 유저로 명령을 실행시킬지 정합니다.
WORKDIR	명령이 실행될 폴더를 지정합니다.
RUN	명령어를 실행합니다.
COPY	파일이나 폴더를 이미지에 추가합니다.
CMD	docker run 명령어 실행 시 실행되는 명령어를 지정합니다.
EXPOSE	호스트와 연결할 포트를 정합니다.

다음과 같은 프로세스를 거쳐 배포가 진행됩니다.

```
WORKDIR /root/flask-movie              ①
COPY ./ /root/flask-movie              ②
RUN pip install virtualenv
RUN virtualenv venv                    ③
RUN . venv/bin/activate
RUN pip install -r requirements.txt    ④

CMD python manage.py runserver         ⑤

EXPOSE 80                              ⑥
```

1 flask-movie 폴더를 만듭니다.

2 로컬에 있는 모든 파일과 폴더를 옮깁니다.

3 가상환경을 생성합니다.

4 패지키들을 설치합니다.

5 docker run 시 실행될 명령어를 입력합니다. 웹 서버를 실행시켜야 하므로 python manage.py runserver 명령어를 입력해줍니다.

6 포트를 열어줍니다.

이제 AWS 엘라스틱 빈스토크에 대해 감이 좀 오시나요? 로드밸런서, 오토스케일링, 데이터베이스 등 다양한 기능들을 활용할 수 있는 AWSS 엘라스틱 빈스토크에 관해 배워봤습니다. 다음 시간에는 무중단 배포에 대해 배워봅시다.

6.1.2 무중단 배포

평소 배포할 때 일단 서비스를 멈추고 업데이트를 한 뒤 다시 서비스를 올리지 않았나요? 그럴 때는 다운타임이 발생해 잠깐이나마 서비스가 정지합니다. 하지만 이번에 배울 무중단 배포는 이러한 문제점을 해결할 수 있는 솔루션을 제공합니다.

먼저 엘라스틱 빈스토크 메인 화면에서 환경 〉 애플리케이션을 선택합니다.

그림 6-10 환경 〉 애플리케이션 클릭

왼쪽 사이드바에서 애플리케이션 〉 구성을 클릭합니다.

그림 6-11 애플리케이션 〉 구성 클릭

용량 〉 편집을 클릭합니다. 무중단 배포를 하기 위해 일단 인스턴스 개수를 늘려줄겁니다.

그림 6-12 용량 〉 편집 클릭

환경 유형 〉로드 밸런싱 수행, 인스턴스 최소 〉4, 최대 〉8를 선택하고 저장합니다.

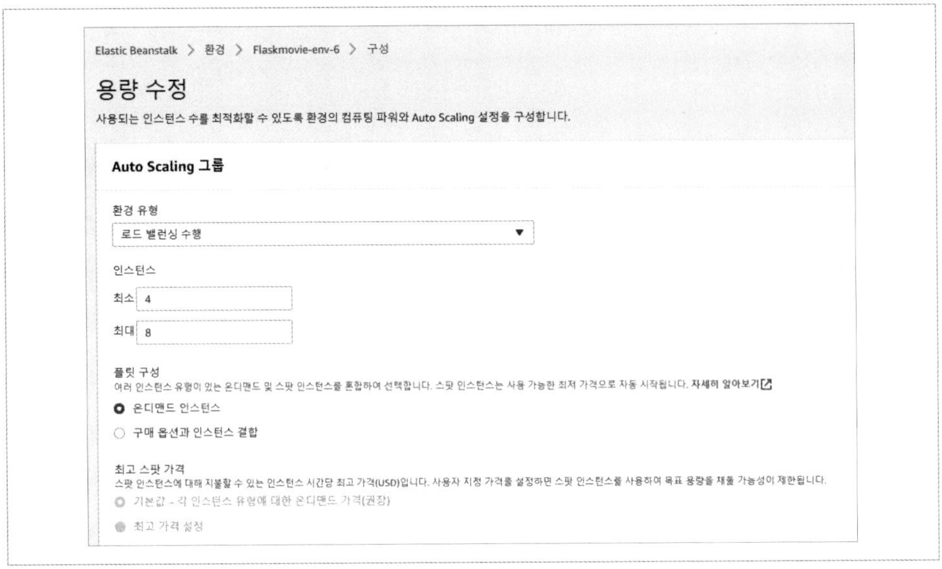

그림 6-13 인스턴스 개수 선택

AWS EC2로 돌아가면 인스턴스가 작동중임을 확인할 수 있습니다.

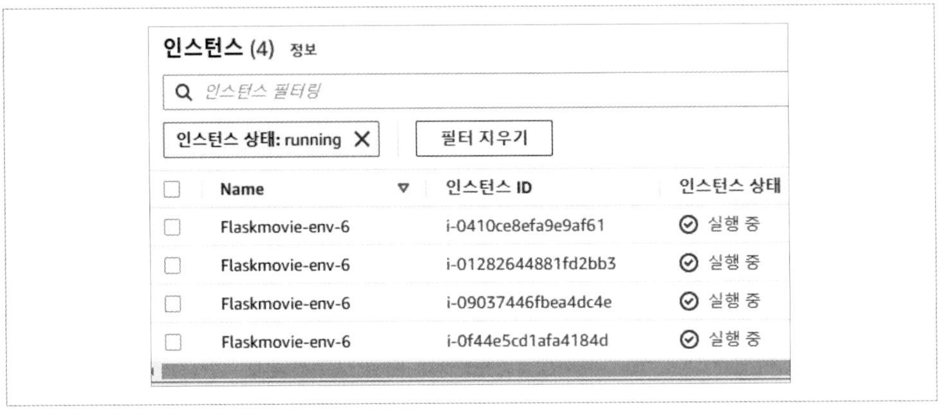

그림 6-14 인스턴스 수 확인

현재 다음과 같이 서비스가 구현되었습니다. 전체적인 그림이 머릿속에 그려지나요? 그럼 무중단 배포에 필요한 롤링 업데이트를 배워보겠습니다.

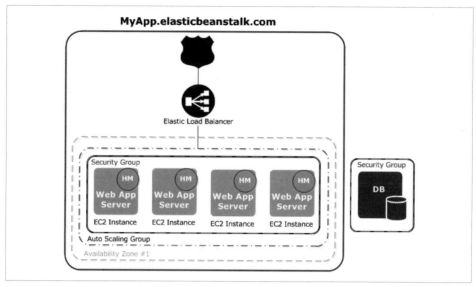

그림 6-15 엘라스틱 빈스토크 다이어그램

엘라스틱 빈스토크 처음 화면에서 환경 〉 애플리케이션 〉 구성 〉 롤링 업데이트와 배포 〉 편집
을 클릭합니다.

그림 6-16 롤링 업데이트와 배포 〉 편집 클릭

배포 방식에는 여러 가지가 있는데 우리가 실습할 것은 롤링입니다. 그래도 다른 옵션들이 어
떠한 역할을 하고 있는지 알아두는 것 역시 중요하므로 짚고 넘어가겠습니다.

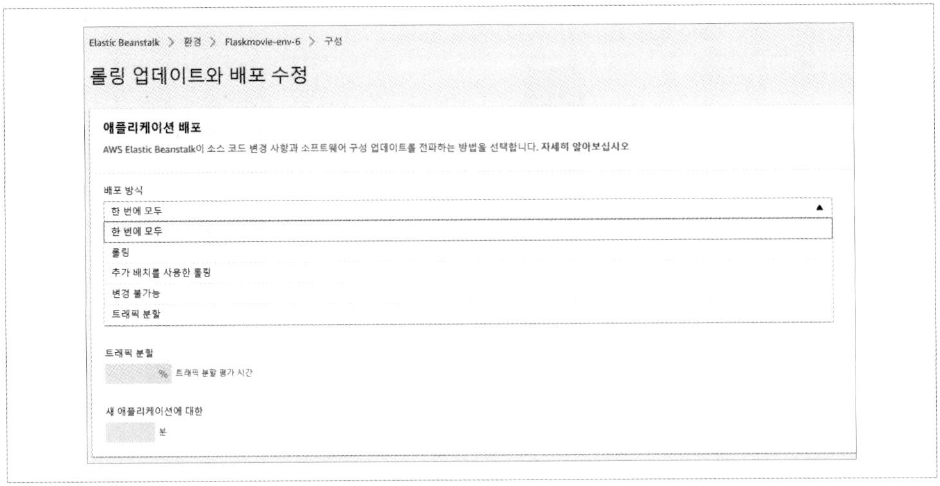

그림 6-17 배포 방식 선택

다음은 여러 배포 방식에 관한 설명입니다.

배포 방식	설명
한 번에 모두	모든 인스턴스를 동시에 업데이트합니다. 다운타임이 발생합니다. 배포 속도는 가장 빠릅니다.
롤링	인스턴스 중 일부를 배치 단위로 선정하여 새 버전을 배포합니다. 새 버전이 배포되면 배포된 인스턴스만 바라보다가 나머지도 업데이트가 되면 다시 전부를 바라보는 방식입니다.
추가 배치를 사용한 롤링	기존 인스턴스 외에 추가 인스턴스를 생성해서 롤링 업데이트를 진행합니다. 그 외에는 롤링과 같습니다.
변경 불가능	롤링과는 다르게 기존의 인스턴스에 변경이 없습니다. 오토스케일링 기반 새 배치 그룹을 새로 생성하고 하나의 인스턴스를 상태 체크를 합니다. 정상일 경우 기존의 인스턴스 개수만큼 배포하게 됩니다. 변경이 불가능한 애플리케이션 배포에 실패하면 엘라스틱 빈스토크는 새로운 Auto Scaling 그룹을 종료하여 변경 사항을 즉시 되돌립니다.
트래픽 분할	임시 오토스케일링 그룹에 새로운 인스턴스들을 생성합니다. 로드밸런서는 수신 트래픽 중 특정 비율을 새 인스턴스에 보내게 됩니다. 그 뒤에 인스턴스 상태를 체크하고 모두 정상이면 남아있는 트래픽을 새 인스턴스로 이동시킵니다. 이동이 끝나면 원래 오토스케일링 그룹에 연결하여 이전 인스턴스를 대체합니다.

이해가 되셨나요? 다음과 같은 애플리케이션 배포 화면에서 배포 방식 〉 롤링을 선택합니다. 현재 4대의 인스턴스가 오토스케일링 그룹에서 돌고 있습니다. 100%를 입력합니다. 이때 배치 크기란 각 배치에 배포할 인스턴스 집합의 크기입니다.

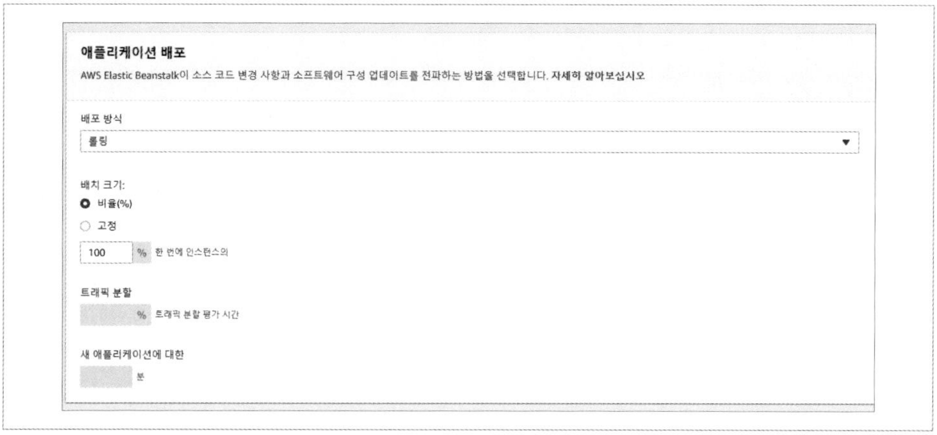

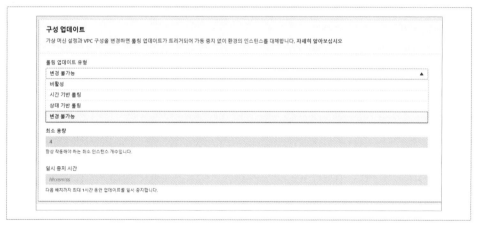

그림 6-18 배치 크기 입력

롤링 업데이트에는 여러 개의 옵션이 있습니다. 우리는 다음과 같이 '변경 불가능'을 선택하겠습니다.

롤링 환경 구성 업데이트에 관한 더 자세한 설명은 다음 링크의 가이드 문서[1]를 참고하세요.

그림 6-19 롤링 업데이트 유형 선택

- **상태 기반 롤링**: 현재 배치의 인스턴스가 정상으로 판정될 때까지 대기했다가 인스턴스를 서비스 상태로 되돌리고 다음 배치를 시작합니다.

---

1 https://docs.aws.amazon.com/ko_kr/elasticbeanstalk/latest/dg/using-features.rollingupdates.html

- **시간 기반 롤링**: 새 인스턴스를 시작하는 시점과 이 인스턴스를 서비스 상태로 되돌리고 다음 배치를 시작하는 시점 사이의 시간 간격을 지정합니다.
- **변경 불가능**: 변경이 불가능한 업데이트를 수행해 새 인스턴스 그룹에 구성 변경 사항을 적용합니다.

현재 돌고 있는 4대의 인스턴스 중에 2대는 기존 트래픽을 받고 2대는 업데이트를 하게 만듭니다. 2대가 업데이트되면 나머지 2대도 업데이트되고 트래픽에 반영됩니다

상태 확인 무시가 True이면 인스턴스가 정상 상태가 아니여도 롤백되지 않습니다. 우리는 Flase로 설정하여 문제가 있을 경우 롤백하겠습니다.

그림 6-20 상태 확인 무시 False 선택

다음은 설정을 정상적으로 마친 화면입니다.

그림 6-21 무중단 배포 설정 완료 화면

이제 코드를 수정하고 배포해보겠습니다. 업로드 및 배포를 클릭합니다.

```
@app.route('/', methods=['GET'])
def index():
    return ok('Index2')
```

그림 6-22 새로운 코드 업로드

배포 중이지만 다운타임이 발생하지 않는 것을 볼 수 있습니다.

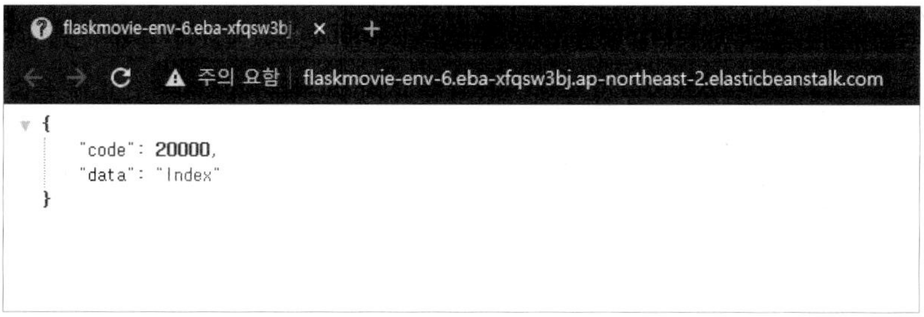

그림 6-23 업데이트 중에도 기존 코드가 작동하는 화면

배포가 잘 된 것을 볼 수 있습니다.

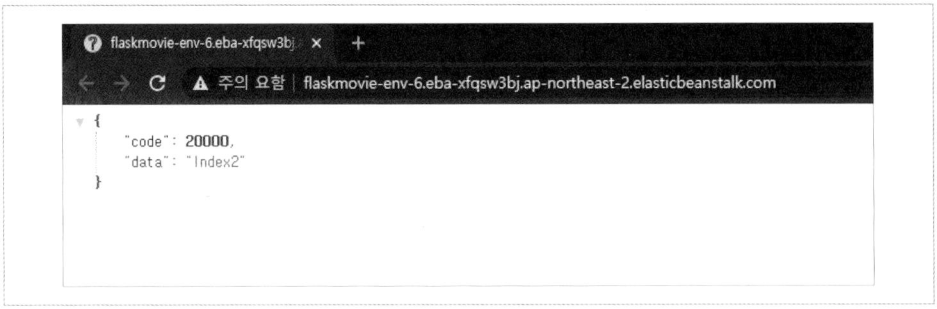

그림 6-24 무중단 배포 확인 화면

6.2 GitHub Action을 이용한 배포

규모가 커지면 커질수록 자동 배포에 대한 니즈도 점점 커집니다. 자동 배포를 하면 미리 설계된 방법으로 배포하므로 실수를 사전에 방지하고 일관된 품질을 유지할 수 있습니다. 실제로 배포 버튼을 클릭한 뒤 커피 한잔하고 올 수 있다는 사실이 실감 나시나요? 테스트, 빌드, 배포를 한 번에 처리하고 그에 대한 피드백을 메신저로 받을 수 있습니다.

이런 인프라를 구현할 수 있는 툴의 종류로는 젠킨스^{Jenkins}, CircleCI, Travis CI, GitHub Action 등이 있습니다. 다만 젠킨스 같은 경우에는 직접 설치해줘야 하는 단점이 있습니다. 이 책에서는 CI/CD 툴인 GitHub Action을 소개하고자 합니다.

6.2.1 GitHub Action 소개

GitHub Action은 소프트웨어 워크플로를 자동으로 쉽게 만들 수 있습니다. 깃허브 저장소로부터 push, pull_request 등의 이벤트를 감지해서 테스트, 빌드, 배포 워크플로를 직접 만들 수 있습니다. 노드$^{Node.js}$, 파이썬^{Python}, 자바^{Java}, 루비^{Ruby}, PHP, 고^{Go}, 러스트^{Rust}, 닷넷$^{.NET}$ 등의 언어를 지원합니다. 또한 매트릭 빌드를 통해 리눅스, 맥, 윈도우와 같은 메이저 운영 체제와 다양한 언어 버전에서 워크플로를 실행할 수 있습니다.

그림 6-25 GitHub Actions 소개

공개 리포지터리는 무료로 사용할 수 있습니다. 비공개 리포지터리는 월 2,000분의 실행 시간을 제공받으며 이를 초과하면 과금됩니다.

6.2.2 GitHub Action 사용법

GitHub Action을 사용하려면 먼저 다음 화면에 보이는 workflow, event, job, step과 같은 개념들을 이해해야 합니다.

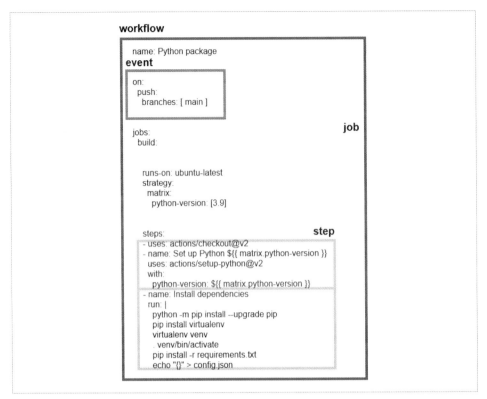

그림 6-26 GitHub Actions 사용법

workflow

여러 개의 job으로 구성되며 event에 의해 트리거가 될 수 있습니다. workflow는 `.github/workflows/` 폴더에 저장되며 `.yml` 파일로 workflow를 만들 수 있습니다.

event

workflow를 트리거하는 원인이 되는 조건을 정할 수 있습니다. `push`, `pull_request` 등이 그 예시입니다. 자세한 사항은 다음 링크를 참고해주세요.

https://docs.github.com/en/actions/reference/events-that-trigger-workflows#external-events-repository_dispatch

job

job은 여러 개의 step으로 구성됩니다. 다른 job에 의존성을 가질 수 있으며 job은 가상환경에서 실행됩니다. 기본적으로 병렬 실행됩니다.

step

step은 태스크들의 집합으로 market에서 action을 가져와 사용할 수 있으며, custom action을 만들어 사용할 수 있습니다. action을 사용하지 않더라도 직접 명령어를 넣을 수 있습니다.

action

workflow의 가장 작은 블록으로 재사용 가능한 컴포넌트입니다. market에 등록하여 공유할 수 있고 가져다 사용할 수도 있습니다.

이제 GitHub Action에 대해 어느정도 이해가 되나요? 그럼 실제 사용하는 예제를 통해 직접 workflow를 만들어봅니다.

먼저 다음과 같이 GitHub Action을 만들고 싶은 리포지터리로 가서 [Actions] 탭을 클릭합니다.

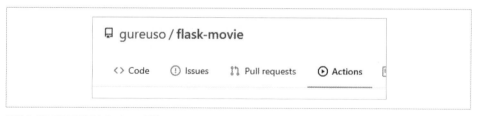

그림 6-27 리포지터리 〉 Actions 클릭

새로 만들기 위해 [New workflow] 버튼을 클릭합니다.

그림 6-28 New workflow 클릭

원하는 템플릿을 선택할 수 있습니다. 필자는 파이썬 패키지를 배포하려 하므로 파이썬 배포 템플릿을 사용합니다.

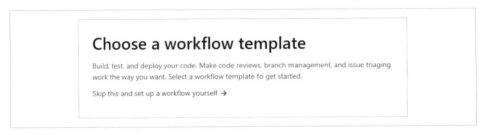

그림 6-29 워크플로우 템플릿 선택 화면

더보기를 통해 파이썬 패키지 템플릿을 찾아줍니다.

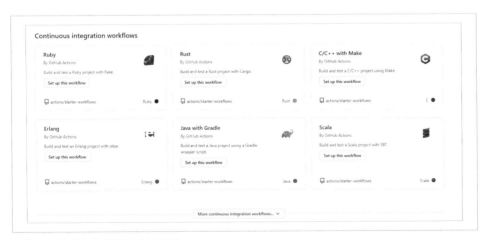

그림 6-30 워크플로우 템플릿 더보기 클릭

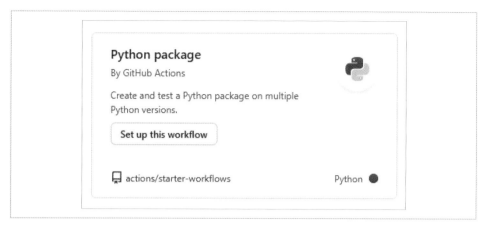

그림 6-31 Python package 찾은 후 Set up this workflow 클릭

다음과 같이 템플릿을 가져와서 필자가 원하는 환경에 맞춰 코드를 수정해봤습니다. 하나씩 짚어가면서 알아보겠습니다.

```
# This workflow will install Python dependencies, run tests and lint with a
variety of Python versions
# For more information see: https://help.github.com/actions/language-and-
framework-guides/using-python-with-github-actions

name: Python package

on:
  push:
    branches: [ main ]

jobs:
  build:

    runs-on: ubuntu-latest
    strategy:
      matrix:
        python-version: [3.9]

    steps:
    - uses: actions/checkout@v2
    - name: Set up Python ${{ matrix.python-version }}
      uses: actions/setup-python@v2
      with:
```

```
        python-version: ${{ matrix.python-version }}
    - name: Install dependencies
      run: |
        python -m pip install --upgrade pip
        pip install virtualenv
        virtualenv venv
        . venv/bin/activate
        pip install -r requirements.txt
        echo "{}" > config.json
    - name: Test
      env:
        DB_HOST: ${{ secrets.DB_HOST }}
        DB_USER_PASSWD: ${{ secrets.DB_USER_PASSWD }}
        DB_NAME: ${{ secrets.DB_NAME }}
      run: |
        python manage.py test
    - name: Deploy
      env:
        EB_ENV_NAME: "Flaskmovie-env"
        AWS_ACCESS_KEY_ID: ${{ secrets.AWS_ACCESS_KEY }}
        AWS_SECRET_ACCESS_KEY: ${{ secrets.AWS_SECRET_KEY }}
        AWS_DEFAULT_REGION: "ap-northeast-2"
        AWS_DEFAULT_OUTPUT: "json"
      run: |
        pip install awsebcli
        eb init --region ap-northeast-2 --platform docker
        eb deploy $EB_ENV_NAME
```

workflow는 가상환경으로 구동된다고 배웠습니다. 여러 운영 체제를 선택할 수 있지만 필자는 리눅스에서만 구동하면 되기에 우분투를 선택했습니다. matrix는 가상환경에서 다양한 언어를 구동할 수 있습니다. 필자는 3.9 환경에서만 돌아가면 되기에 이와 같이 설정했습니다. 만약 여러 버전에서 구동하고 싶다면 배열에 순서대로 버전을 입력하면 됩니다.

```
jobs:
  build:

    runs-on: ubuntu-latest
    strategy:
      matrix:
        python-version: [3.9]
```

기본 action들을 모아둔 actions에서 제공하는 action의 첫 번째는 리포지터리에서 코드를 가져오는 action입니다. 두 번째는 파이썬 환경을 기본적으로 세팅해주는 action입니다. 손쉽게 action을 가져와서 사용할 수 있습니다. 또한 custom action을 만들어서 사용하거나 공유할 수 있습니다.

```
steps:
  - uses: actions/checkout@v2
  - name: Set up Python ${{ matrix.python-version }}
    uses: actions/setup-python@v2
    with:
      python-version: ${{ matrix.python-version }}
```

마지막으로 배포하려면 보통 access_key가 필요합니다. 하지만 코드에서 직접적으로 쓰는 경우는 없고 환경변수나 파일을 만들어서 관리합니다. GitHub Action에서는 secrets라는 키워드로 비밀키를 관리할 수 있게 해줍니다.

```
- name: Test
  env:
    DB_HOST: ${{ secrets.DB_HOST }}
    DB_USER_PASSWD: ${{ secrets.DB_USER_PASSWD }}
    DB_NAME: ${{ secrets.DB_NAME }}
  run: |
    python manage.py test
```

리포레포지터터리 〉 Settings 〉 Secrets로 이동합니다. 그리고 [New repository secret]을 클릭합니다.

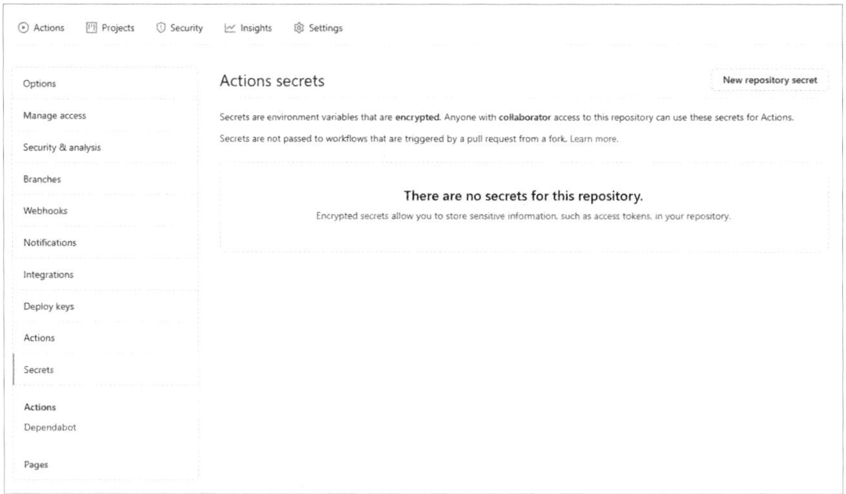

그림 6-32 Actions secrets 생성

키와 값을 설정합니다. workflow에서는 `${{ secrets.key }}`로 접근할 수 있습니다. 로그를 출력해보면 *(asterisk)로 표현됩니다. 다만 주의할 점이 있는데 키가 GITHUB_로 시작되면 안 됩니다. 또한 영어 소문자, 영어 대문자, 숫자, 언더스코어(_)로만 키 이름을 만들어야 합니다.

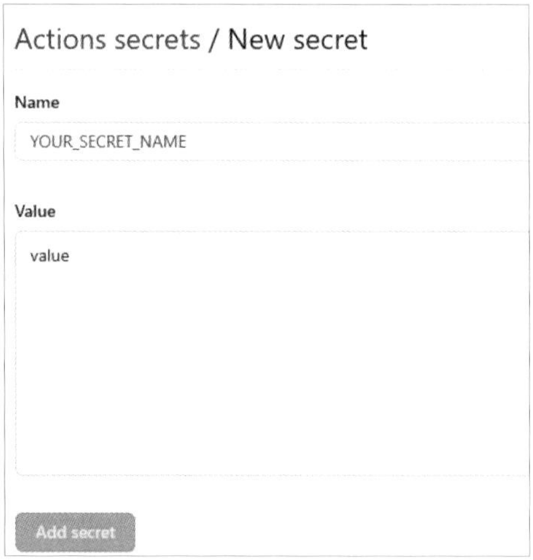

그림 6-33 Actions secrets 생성 2

실제로 main 브런치로 push 이벤트가 발생하면 트리거가 작동되는 것을 볼 수 있습니다.

그림 6-34 Actions 빌드 화면

마치며

지금까지 총 6개 장에 거쳐 파이썬을 이용한 개발, 테스트, 배포를 진행했습니다. 독자 여러분이 개발 과정에서 다양한 상황을 통해 비즈니스 로직 작성 방법과 파이썬 플라스크 사용 방법을 터득하셨으면 하는 바람이 컸습니다. 또한 문서화와 비동기처럼 조금 더 특별한 것을 알려드리고 싶었습니다. 테스트는 기본에 집중하여 테스트 코드와 친해지길 바랐습니다. 특히 배포는 트렌드를 따라가기 위해 공을 많이 들였습니다. 고급 개발자로 나아가려면 인프라적인 요소도 챙겨야 한다고 생각합니다.

여러분이 이 책을 읽고 플라스크에 한 발짝 더 가까워지고 웹 프로그래밍 관련 지식도 더 늘기를 바라는 마음입니다. 끝까지 읽어 주셔서 감사합니다.

INDEX

INDEX